戦後日本の「礎」を築いた経済人

不屈のリーダー・小林中《あたる》の一生

福井保明

財界研究所

戦後日本の「礎」を築いた経済人

不屈のリーダー・小林中《あたる》の一生

福井保明

財界研究所

小林中氏

はじめに

私が小林中《こばやしあたる》と関わる縁は三度あった。

一度目は、若い頃、私は証券会社に勤めていてその頃、先鋭商品であったスワップを扱う部署にいた。スワップを使った金融商品を生損保や系統、銀行に売り込む部署である。その縁で富国生命保険にも行き、秘書室の裏にある（記憶があいまいだが）歴代社長の写真と銅像を見せてもらった。案内してくれた人が小林中《あたる》の写真を指差し、「この人が当社の中興の祖です」と言った。

二度目は、甲州財閥に興味を持ち、根津嘉一郎の事績を調べていた時だ。根津は東武鉄道財閥の総帥で富国生命（当時は富国徴兵保険と言った）の初代社長だった。根津は信長の生まれ変わりのような風雲児で、社内ではワンマンで誰の言うことも聞かないし、腹を立てると傍の鉛筆や筆箱を投げたりした。恐ろしいので誰も近寄らない。その根津に平然と意見をし、ずけずけ物言う男がいた。それが小林中《あたる》で根津は物を投げて怒りながら、この男は骨があると信じ、東武鉄道の大番頭に据えるつもりだったと思われる。根津の死でそれは実現せず、小林中《あたる》は富国徴兵保険の社長になった。

三度目は、宮島清次郎を調べていた頃である。宮島は傾いていた日清紡績をあっという間に立て直した経営者だが、違法なストには仕込み杖一つで単身乗り込む度胸があった。吉田茂の同窓で戦後、彼の参謀になった。しかし個人の生活については栄利を図らず峻厳なほど節度を保っていた。

その弟子が小林中《あたる》だと知って驚いた。しかも根津は、宮島を日清紡績立て直しに抜擢したのだという。三人はつながっているわけである。宮島の紹介で小林中《あたる》は吉田茂に会い池田勇人に会い、参謀になった。小林中《あたる》は初期のころの資金集めも行ったが、宮島のように個人生活には峻厳だった。池田勇人の推薦で日本開発銀行総裁になって、見事に組織を作り上げた。

やがて財界の「影の総理」とか「財界四天王」とか呼ばれるようになるのだが、私がこの人のことを書こうと思ったのは一年前である。本文でも書いたが、彼は自分が表に出る事が嫌いで、資料がほとんどない。それをかき集めて本編を書いた。戦後財閥史にはならず、小林中《あたる》がどう生きてどう死んだかの記録になった。記録に残っていない所は私の想像で補った。

読者の寛恕を期待する事、大であると言わなければならない。
なお、本文中の敬称は略させていただいた。

二〇二三年五月

福井保明

本書は史実を基にした小説です

戦後日本の「礎」を築いた経済人
不屈のリーダー・小林中の一生

目次

第四章　戦後へ

第五章　日本の道筋

初代・根津嘉一郎氏

第一章

根津嘉一郎と富国生命

自らの事績を表に出さなかった小林中《あたる》

日本経済新聞の元記者で、作家の阪口昭が『寡黙の巨星』を書くために取材を申し込んだ時、富国生命保険の秋山智史（元富国生命社長、現相談役）は小林中《こばやしあたる》の秘書であったので、部屋の設定や録音の手配をして同席した。小林中《あたる》はその種の取材に応じる事はなく自分の事績を、むしろ表に出さないと決めているようだった。余程の心境の変化があったのかもしれない。

日経新聞から『私の履歴書』を書いてくれと何度も言われて断り続けていたから負い目になっていたのかもしれなかった。阪口は当然の事ながら「帝人事件」（後述）に切り込んだ。ほとんど自分の事を語らず『私の履歴書』という勲章のような手柄話にも応じなかったので、今度こそと意気込んだのだ。しかし小林はほとんど心情を吐露しなかった。

事件そのものは検察のでっち上げで、起訴された人間が全員無罪になり裁判官に「事件そのものが無かった」と言わしめた前代未聞の話だったが、小林は半年以上拘留された。その後も裁判が結審するまで二年近く自宅で謹慎させられたのだ。

その事を生々しく語ってくれると阪口は思い、意気込んでいたのだが中《あたる》はほとんど核心を避け、詳細には触れなかった。阪口は拍子抜けした。インタビューが終わって小林が帰った後、片付けに残った秋山に愚痴をこぼした。

「秋山さん。これじゃあ本が出来ないよ。中《ちゅう》さんは何も言わないじゃないか。帝人事件をしゃべらないなら読者は面白くないよ。それにページ数も稼げないし」

阪口はベテランの経済記者で政財界の裏表も知り尽くしていた。帝人事件のように、社会を騒がせた問題の当事者が語る話には迫力がある。そう思ってインタビューをしたのに、これでは本の売れ行きにも影響が出るという愚痴である。

「しゃべらないものは仕方がないでしょう。あとは阪口さんが推測なりして埋めるしかないのではありませんか。それに帝人事件はともかく他の所ではかなり突っ込んでしゃべったと思いますが」

「まあ、それはそうだけど」

結局、阪口は本を書くに当たって、推測と検証を駆使したが本人が語らない所まで埋めるわけにも行かず難渋した。

ただし、阪口の『寡黙の巨星』はそういう事情を差し引いても歴史に残る名著である。そして唯一のインタビューを背景にした評伝である。筆者が書く『不屈のリーダー　小林中の一生』も多くはこれに依っている。小林がこれ以外ではほとんど事績をしゃべっていないからである。

そういう前書きを残して小林の話を書いていこう。話は彼の学生時代に遡《さかのぼ》る。

自由気儘に生きた若き日の姿

小林中《あたる》は明治三十二年（一八九九年）、山梨県中巨摩郡源村《なかこまぐんみなもと》に生まれた。父は矢崎貢。中《あたる》は次男であったため、母方の祖父・小林家に養子に入った。すぐさま小林家の家督を継いだから小林と称するようになった。矢崎家も小林家も裕福で、小さい頃から何不自由なく育った。

父・矢崎貢は石和銀行を起こすほどの金持ちだったが、小林家はそれ以上で、大地主と言うべき豪農だった。中《あたる》は小林家の祖父、祖母に猫可愛がりされて育った。祖父—小林伝衛門は息子が二人いたが、出来が悪いので勘当し、幼い中《あたる》に期待をかけた。

中《あたる》は自由気儘《きまま》に生きていた。誰からも制約されないため勉強などはまじめにやらないし、宿題もしない。教科書を学校に置いたまま遊びに行った。祖父もこの時、石和銀行を起こし、矢崎貢の次男を養子にもらって、その後釜として頭取に据える約束をしていたから安心してこの世を去っていた。

父・矢崎貢も学歴など何とも思っていないから中《あたる》のするままに任せている。中《あたる》は気儘に生きながら自分の家が山梨の中でも指折りの家である事をわきまえるようになった。県立の甲府中学（旧制、現甲府一高）を終えて大学進学をする事になった。

いずれ石和銀行の頭取になるのだから学歴は華麗な方が良い。父はうるさい事は言わないが、東京へ出て大学に入れと言った。東京に出る事が嬉しくて、中《あたる》は学校を探した。慶應を受けてみるかと思って願書を出した。受験勉強は一つもやっていない。受かるはずもないのだが、まあ何とかなるだろうと思って受けてみた。そして落第した。当たり前の話だが別段失望もしなかった。発奮して来年のために予備校へ入ろうとも思わなかった。

中《あたる》は既に東京の歓楽街に出入りし始めていたから、大学など意識の外にあったのである。しかし大学へ行くと言って山梨を出てきたのである。どこかに入らないと山梨へ連れ戻される。中《あたる》は無試験の大学を探した。そして早稲田が理工学部を除いて無試験である事を知った。中《あたる》は入学願書を書いて、早稲田に通うようになった。

通うようになったと書くと実際の校舎に行ったようになるが、実際は最初の手続きに行ったくらいで、そのままやめてしまった。面倒くさくなったし、何回か試しに聴講した授業が退屈で行く気にならなくなったからである。中《あたる》は元々朝起きるのが苦手でこの癖は会社に入っても直らなかった。

中《あたる》の生家が飛び切りの金持ちだと前述したが、父は有り余るほど金を送ってくる。それでも足りない時は、教科書を買うとか原書で買うとか適当な事を手紙で書くと、父は疑いを持つ事なく金を送って来る。さらに祖母が溺愛する孫の言う事は何でも聞く。むしろ頼られるのが嬉しいのか必要以上に送って来た。

父と祖母を適当に使い分けながら、中《あたる》は金の無心をした。祖母は何度も大学なんか行っても仕方がないから早く帰って来いと言う。

中《あたる》は夜更かしをするので、起きるのは昼過ぎで場合によっては三時ごろになる。麻布の一軒家を同郷の藤森という男と借りていたが、藤森は慶應に通っていて授業が終わると一軒家に帰って来るのだが、中《あたる》は布団の中にいたり、一人で小説を読みふけったりしていた。夜になると彼は赤い灯の場所に出て行くのですれ違うしかないが、時々花札をやったりした。当時から博才は抜群で藤森に勝ち目はなかった。

「この時代の自分はどうしようもない人間でただひたすら夜の街を徘徊する事しかなか

った」と、中《あたる》は後に述懐している。金を有り余るほど持った青年が夜出歩けば行く所は決まっている。悪所を覚え色に狂った。ついに藤森はほとんど、家の中で中《あたる》を見なくなった。

卒業まで残り一年の頃である。入学は無試験でも（ちなみに中《あたる》が入学した翌年から早稲田では試験制度が採用された）、学士になるというのだから、卒業するにはそれなりの論文は必要であった。中《あたる》は早稲田へ三年近く行っていないので、何が起きているかも知らないし興味もなかった。

父は中《あたる》の放蕩三昧を恐らく知っていて、大学を切り上げて帰って来いと言うし、祖母は溺愛する孫の顔を見たいから帰ってこいと言うし、東京にも飽きた頃だったから帰郷する事にした。

この時代、米国の大学を出て帰って来ると初任給は百円だった。三井や三菱の初任給は五十円であった。米国の大学出が日本で三十人ほどしかいない時代で、異様なほどの尊敬を受けた。留学経験者ほどではないにしろ、大学出も同様の尊敬を受けている。

一方、そのような略歴は無駄であると思っている人も大半で、学歴を問われることは稀であった。中《あたる》はこういう世の中の気分に囲まれていた。父も祖母もことのほか中《あたる》の帰郷を喜び、父は中《あたる》を石和銀行の取締役支配人にした。

中《あたる》の立場は銀行の役員に変わったのだが、朝遅いのは少しも変わらない。やる気があるのかないのかわからないが、その時流行っていたラジオの受信機を買ってきて短波放送で株の市況を聞き出した。銀行の部屋の中では電波の都合で聞きにくいと言い出し、中庭に出て耳を傾けた。今度来た頭取の息子は朝遅く来て短波を聞いているとなった。評判が良い訳もない。

中《あたる》は甲州人の典型だったから、他人の毀誉褒貶《きよほうへん》をまったく気にしなかった。

彼は財務担当の部下を呼んで聞く。

「当行の資産が貸出以外にどう使われている？」

「はっ？」

「現金資産が多くあるのはどういうわけだ」

「貸出先がそれほどないからではないですか」

「それほど多くないと君が言うが、その貸出先も金利の延滞をしている先が多くある」

「世の中は不景気ですから」

「ふーん。話を戻すが、預金者から集めた金を現金で持っていても仕方があるまい。なぜ株式に投資しないのだ」

中庭で株の短波放送を聞いているからといって、預金者の金をそんな物に持って行ってはと行員は怪訝に思った。

「株式は危険で大損すると皆思っています」

「ふーん」

その時はそれで終わった。中《あたる》は相場で負けた事がない。ずっと後に偉くなっても自分の投資先を紙に書いて持っていて、時々眺めていたという。株式投資は先を見通して投資すれば、こんなに簡単な事はない。問題は信用取引を使って大きく相場を張る事で、これをやる事で大金持ちになったり、あるいは没落したりする。

銀行は信用取引をしないのだから、負けることはない。中《あたる》は銀行の資産を現金から株式に換えていった。しかし、行員や同僚の役員達の中で頭取の矢崎に訴える者が出て来る。株式投資で没落した者を多く見ているから、若尾や根津といった甲州財閥が株式投資で富豪になった例は一般的ではないというのである。銀行は貸出だと信じている者が多かった。

矢崎は中《あたる》を呼んだ。

「どうだ。少しは慣れたか」

「はあ、まあ」

「銀行の金で株式を買いまくっているという報告があった」

「銀行の金だけではなく、個人の金も出来るだけ株式に投資しています」

「ふーん。株式と言えば、根津さんがお前に会いたいとかで、今度うちの銀行に来るついでに時間を取ってくれるそうだ」

「へええ。立志伝中の人がどういうわけですかね」

「なに。うちと根津家とは遠縁の親戚だから、お前の顔を見たいのだろうよ。小さい頃も、うちに来たついでに、お前の頭を撫でたりしてくれていたんだ」

中《あたる》は全く記憶が無かった。

根津はこの時、還暦を過ぎていた。東武鉄道も立て直しに成功し、東京電燈や東京電車鉄道も傘下に置いて、若尾逸平なき後の甲州財閥を率いていた。

「それでお前の株式投資のことだが」

「はい」

「役員の中には不安な思いでいる者もいる。どうだ?」

「役員の大半は融資のたたき上げで、銀行は貸出だと思っています。その貸出も昨今の情勢でうまく行っていないものも多い。それでも貸出だと凝り固まっているために、貸し出しがなければ、現金で遊ばせて何もしない。近くに若尾財閥や根津財閥と言う手本があるのに。資金を遊ばせて平然としている」

「株式を使って乗っ取りをやるほどの体力はうちにはない」

「根津さんのやり方は乗っ取りだけではありませんよ。通常の株式投資も理詰めです」

「と言うのは」

「あの人のやり方は四つあります。一つ目は甲州の仲間を募って株を買い占めるやり方です。二つ目は業績が悪化している会社の株を買い占めて、その会社に入って作り直すやり方です。『ぼろ買い嘉一郎』の評判はここから来ました。三つめは信用取引で想定外の大金を投資し大きな成果を上げる。これは危ないですね」

「ふむ」

「そして最後は優良な企業に投資する。東京電灯も東京電車鉄道も最初はこれでした。途中から目的が変わり、買い増して行ったのです。理詰めで投資すれば時間を味方につけて負けるはずもない。現金で置いているなど阿呆のやることです」

父・矢崎貢は、周りにいる役員と考えを合わせろとか、協調してあまり嫌われるなとか言おうとしたが、中《あたる》が二枚の紙を取り出したので言いそびれた。中《あたる》は二枚の紙を父の前において指さしながら言った。

「お父さんから見て、右の物が銀行で買った銘柄です」

矢崎はそれを近付けて見る。

「左の物が私の個人用です」

「違いがあるように見えるが」

「私の個人用の物は刺激が強い銘柄ですからね」

「銀行のものと違うのか」

「預金者から集めた金ですからね。預金者の思いを反映しなければなりません。それとその右側に赤字で書いているのが含み益です」

「こんなに」

「ここへきてかなり上がりましたからね」

矢崎は唸った。おじいさんの血を引いていると思ったのである。矢崎の父も相場師のような所があって勘は鋭かった。

「もともと、この狭い所に銀行が溢れるようにありますからね。誰も彼もが貸し付けに走って、挙句の果てに不良債権になる。いずれ銀行は整理合併されて行きます。その時、生き残らなければなりませんから」

矢崎は感心した。短波放送を聞いているのは意味があるとわかって、それからは何も言わなくなった。


ある日、根津嘉一郎が矢崎の所へやって来て「息子を見てやろう」と言った。既に根津財閥を堂々たるものにしていて、辺りを圧するような威風があった。信長は人の肩越しに物を言うという評判だったが、根津も同様の様子だった。ひれ伏されるのに慣れて来ると、さすがにしんどくなるのか、時々山梨へ帰って来て昔の親戚や友達に会って息を抜くのであろう。

部屋に呼ばれた中《あたる》は目の前に立志伝中の男を見ていた。中《あたる》は二十代半ば、根津は還暦を過ぎていた。

「お前が矢崎の息子だな」

「中《あたる》といいます」

「昔、小さい頃によくこの家に来た。覚えているか」

「いいえ」

普通ならもう少し答えようがあるものだが、飾らない男のようだと根津は感じた。自分の前に来て全く恐れ入らない男は珍しい。逆に中《あたる》は、皆がなぜ根津を恐れるように見ているのかわからなかったし、親戚の人の好いおじさんのように見えた。

「東京では遊んだらしいな」

「はあ」

「ああいう所は抜け出せないように出来ている。わしのように全く抜け出せなくなる者もいれば、十分知った後、見向きもしなくなる者もいる。免疫ができるのだな。無論、どっちが正しいかはわからない。芸伎一つ操れないでは大きな仕事はできないからな」

「はあ」

「ああいう色街で男として最も気を付ける事は何だと思う？」

「わかりません」

「わからないか」

根津が席を立って覗き込むように中《あたる》の前に来た。そして薄笑いをしながら言った。

「それはだな。その種の病気にならない事だよ。その方法はわかっているな」

「はあ」

その返事を頼りなく思ったのか、根津は具体的な事まで言い出した。

「わかったな」

「はい」

「そういう事だ。困った事があったらわしの所へ訪ねて来い」

「ありがとうございます」

根津は機嫌よく帰って行った。

日銀の局長に毅然として直言

それから時が経って、石和銀行の資産の繰り替えが成功して不良債権を埋めてなお、圧倒的な利益を確保し始めた時、日銀の役人が山梨にやって来た。営業局長だという。今でも金融庁や日銀の局長が来れば恐れ入るのだから当時は大変なものだ。矢崎は恐れ入って中《あたる》を代表としてお迎えに出した。

台湾銀行の破綻が起きる半年ほど前の事である。大正十五年（一九二六年）の時だ。大きな講堂のような所に大小の山梨県の全ての銀行の幹部が集められた。

局長が壇上に立って「銀行の健全性を維持しておかなくては、もしもの時に共倒れになる。ここは一律減資して健全性を保って欲しい」と訴えた。台湾銀行に端を発した金融恐慌はまだ起きていなかったが、それらしい予兆は身の回りで起きていた。不良債権が否応なく増え始めていたのである。

多くの銀行は対処に苦しんでいたから、お上の命令でやむを得ず減資を行うことも大義名分が立った。山梨県の筆頭銀行、第十銀行が真っ先に賛成すると、それと同じ規模の銀行も次々と賛成し始めた。

（そんな馬鹿な事があるか！　筋が全く通らないじゃないか）

そう思った時、中《あたる》は手を上げて立ち上がった。前へ進み出て壇上の局長をしっかりと見た。

「一律減資と言われたが、どういう意味ですか？　減資をする方が良い所はしてもらうのは勝手だが、当行は利益も上がっているから減資をする必要はないですよ」

局長は壇上から見下ろし、この若造にどう言い返そうかと思った。

「山梨県の銀行業界全体を考えて申し上げている。指示に従ってもらいたい」

「減資をする必要もない銀行に減資を強いるのは道理に合わない。一片の日銀の作文か命令か知らないが、そんなものに唯々諾々《いいだくだく》とは従えませんね」

第十銀行を始め、大手の銀行がざわつき始めた。日銀の営業局長がどれほど偉いかわからないのだろうと思い、中《あたる》が決定的な事を言わないように割って入って止めた。

局長も小銀行の、しかも二十代の若造の相手をするつもりもない。局長が周りから抱きかかえられるように壇を降りて、銀行団だけが残った。第十銀行の頭取が近寄って来た。その頭取は一人楯突いたのが小林中《あたる》という男で、石和銀行の取締役であり、矢崎の息子だということもわかっていた。

「小林君」

「はあ」

「我々は局長の意見に賛成なんだ」

「それなら減資をすればよいのではありませんか」

「局長は全行一律と仰《おっしゃ》った」

「聞こえませんね。うちは黒字ですから日銀か何か知らないが、個別の銀行の指図にまで従う必要はありませんね」

「日銀の局長がわざわざ甲府まで来て頼んでいるんだ。空手で返すわけには行かんだろう」

「日銀の局長であれば理不尽な事も通すと言うんですか」

言い合いになったが、周りから寄ってたかって説得に来る。だんだん中《あたる》も面倒くさくなってきた。

「親父さんの矢崎さんには私からも話しておく。ともかく了承してくれ」

中《あたる》は多勢に無勢なので、条件交渉に切り替えて最後は了承した。

それからしばらくしてこの話を聞きつけたのか、中《あたる》の媒酌人になる事が決まっているからやって来たのか、根津が矢崎家を訪ねてきた。根津は中《あたる》の媒酌人を矢崎から依頼されてそれを受けていた。矢崎家にとっても根津と関係を持つ事は大きな意味があったし、中《あたる》にとっても根津はいざという時に頼りになる。矢崎も会話に入って来た。根津は開口一番、中《あたる》に言った。

「子爵の娘だそうな」

新婦になる女性は大岡子爵の娘であった。

「それも、あの名奉行・大岡越前守の血筋だからな」

「はあ。そのようです」

「わしは血筋など少しも認めていないが、それでも良家と言うのはあるんだ。子爵の娘というなら大変なものだ」

「はあ」

その後、婚約から結婚までの段取りが打ち合わせされた。数十の会社を持っている現役の財閥のオーナーがわざわざ媒酌をしてくれるのだ。中《あたる》といえども神妙にせざるを得なかった。打ち合わせが終わった。雑談になった。矢崎は席を外している。

「日銀の営業局長に噛みついたらしいな」

「第十銀行始め頭取連中に囲まれて、条件交渉しか出来ませんでした」

「営業局長は全行一致で減資をやれば手柄になるが、一行でも反対すれば逆に面子を失う。だから全行を集める前に、第十銀行ほかの大手銀行に先立って話をしているはずだ」

「恐らくそうでしょう。あっという間に囲まれましたから」

「小役人は陰険な意趣返しをするからな。銀行の頭取ともなればそれが怖い。とにかく局長の面子を守るために頑張ったのさ。詰まらん奴らだ」

「はい」

「ところでお前はどう思うんだ。山梨県の銀行業界の先行きは」

「先行きは銀行局長ではありませんが、暗いですね。減資くらいで済むなら結構なことだと思います」

「その理由は」

「元々、ちょっとした金貸しでも銀行を称しています。この狭い山梨県にどれくらい銀行がありますか。優良な貸し付けは十分になく、その中で競い合って貸出競争をしていれば不良債権になる。そういうことです。資産を株式に乗り換えて行かなければならないのに、貸出だけに頼っていては、小さい所は根こそぎやられますね」

「どうする?」

「山梨に必要な銀行は一つか二つでしょう。合併して大きくして、非常の事態に備えない限りどうにもなりません」

「日銀の営業局長と似てきたんではないか」

「上から目線で偉そうに、現場の苦労も知らないで小役人が理屈を言うから、噛みついてやったのですよ」

「ははは。その心意気だ。先行きが暗いのならわしの所へ来い。悪いようにはせんぞ」

「ありがとうございます。もう少し頑張ってみます。現金を株式に換えた戦術が成功して今は黒字になりましたから」

「わかった。それより目先は身を固めることが先だな」

根津嘉一郎と小林中の間にあった信頼関係

昭和四年（一九二九年）、中《あたる》は大岡子爵の三女・慶子と結婚した。同時に根津の経営する富国徴兵保険（現在の富国生命保険）に入社した。とりあえずは根津のかばん持ちでどこに行くにも根津と同行した。

結婚して新婚生活を始めた慶子にとって中《あたる》は好奇心の対象だが、中《あたる》は仕事について何一つしゃべらなかった。中《あたる》は朝出勤する前に庭の植木をじっと見ていたりする。休日も暇な時は植木屋を呼んで、あれこれ指図している。植木屋が時々げんなりしているのが分かった。指図が細かいからである。

「俺は今からでも植木屋が務まるからな」と自慢した。

勤め人になって、しかも根津のかばん持ちなのに朝は遅い。慶子は勤め人の生活は知らなかったが、こうした勤務事情は聞いた事も無かったのである日、中《あたる》に尋ねた。

「あの、いつも朝は遅いようなのですが、皆さんそうなのですか」

「うん？　朝遅く出て根津さんの秘書が務まるのかを心配しているのか」

「はい」

「この会社に入る時、根津さんに言質《げんち》を取ってある。自分は朝がダメだからそれを要求されると身が持たないと。根津さんは分かった人で、それは構わないとのことだった。確かめてみたが、別段雷も落とさないしな。ずっとそのままだ。ただし、出張の時は一緒に行かないわけにはいかないから朝は起きる」

慶子は安心したが、何やらうまくはぐらかされているような気もした。とにかく中《あたる》はしゃべらないので、よくわからないが暗い人ではなさそうだ。気にせず平穏に暮らそうと思った。家庭を壊す人ではなさそうだから。

一方、中《あたる》は中《あたる》で、慶子は今まで惑溺してきた女性たちと全く違うので新鮮だった。慶子にとって結婚は命がけに近い行為であり、仲人の言うままに新生活に飛び込んだのだ。付き合って気心が知れて一緒になるのではない。結婚してから関係が始まるのだ。良家のお嬢様がどういうものか、中《あたる》は全くわからなかったが、近くで暮らしてみて今まで知っているその種の女たちと全く違う生き物だとわかった。

慶子は慣れて来ると、甘えるようになった。言葉も二人の間ではよそよそしくなくなった。懸命に仕えている感じがわかるので、中《あたる》も満更ではない。一緒にいるのが長くなると、慶子がクリスチャンである事にも納得がいくようになった。相当敬虔なプロテスタントだった。プロテスタントとカトリックの区別もつかない中《あたる》に、慶子は熱心に教えた。

そして一緒に教会へ行って、牧師に会って話を聞いて欲しいと懇願した。カトリックの坊主を神父と呼び、プロテスタントの坊主を牧師と言う。牧師は妻帯も許される。

「俺は慶子が信じる物は尊重するし、口も出さないが、朝起きてそんな所へ行くのは気が重いな」

「大事な事だからお願い」と初々しい新妻に口説かれれば仕方なくなって、慶子と一緒に教会へ行った。牧師が出て来て説教めいたものが始まったが、中《あたる》は何のことかわからない。何度か聖書の一節を暗唱させられるが、馬鹿馬鹿しくてならない。罪を懺悔《ざんげ》しなさいと言われてもどうして良いかわからない。別段、罪を犯していると言う自覚がないのだから仕方がない。聖書の言葉も頭にも入らないし、可愛い慶子のためと思ってやっていたのだが、さすがに続いてくるとどうにもやる気がなくなった。

何度か教会へ出かけた後、朝起きもしなくなり、その次は仕事を理由に行かなくなった。聖書の一節は詩のようなものかと理解した。それが精一杯だった。慶子は何度か説得したが、最後はあきらめてしまって教えの事は言わなくなった。

仕事はかばん持ちというように、根津の秘書である。根津の秘書は何人かいて、ボディガードのような者からスケジュール管理をする者、そして中《あたる》のように企画立案をする者まで いたが、全部こなさなければだめで気の利かない者は叱り飛ばされる。

その中で中《あたる》だけは根津に罵倒される事が極端に少ない。ある時、専務の吉田義輝が寄って来た。吉田は富国徴兵保険のナンバー2で後に社長になる。時によっては根津に剛直で食って掛かる事もあるが、たいていはおとなしい。

「小林君」

「はい」

側に担当の取締役がついている。

「この稟議《りんぎ》なんだけどなあ。君が社長の所へ持って行って、印鑑をもらって来てくれんか」

中《あたる》が自分で行けばどうだという顔をしていたのだろう。

「わかるよ。君が言いたいことは。しかし我々が行くとあの爺さん、うるさくてな。延々と説明させるので半時も一時もかかるんだ。しまいには物を投げる事もあるから仕事にならない。簡単な案件なんだ。君は社長に信頼が厚いから、君から行って印鑑をもらってくれ」

担当の取締役が中《あたる》に説明する。何だ簡単すぎる案件じゃないか。中《あたる》は了承して社長室に入っていき印鑑をもらって出てきた。

「おお。もう終わったのか。我々だとこうは行かんからな」

中《あたる》は吉田に言われて根津の信頼が厚い事を再認識した。

中《あたる》は根津を見ていて信長だと思う。商売のやり方や交渉の仕方は独特のものがあり、相手を追い込んでいく手法は見ていて参考になる。突っ張り方も相手が音を上げるまでやめない。数十社の社長や大株主を兼任しているのだから、気を抜くことさえ出来ないはずなのに平然とすべてを宰領していた。根津さんには参謀は要らない。いるとすれば暴走した時の歯止め役だと思うが、自分にそれを出来るとも思わなかった。信長の方がたいてい正しい事が多いからだった。

根津は宴会にも中《あたる》を同席させた。吉田が一緒についてくることもあった。客が帰って根津と相方の気に入りの芸者だけが残ると、中《あたる》の方を見る。中《あたる》も吉田も自分の相方としゃべっているとイライラしてくるのか、根津が叫んだ。

「何だ、お前達は。客はもう帰ったろう、明日も仕事があるのにいつまで飲んでいる」

早く帰れと言うのである。帰った後、根津はここに泊まるつもりなのかどうか。吉田と中《あたる》は仕方なく引き上げた。わがままで子供のような人だと思った。

根津から見ると、中《あたる》は部下の中でほとんどただ一人、根津に対して恐れることもなく発言する。こういう男は過去いるとすれば、宮島清次郎だけだった。宮島はのち、日清紡績（日清紡、現在の日清紡ホールディングス）の社長、会長を務めた人物である。

根津が宮島に頼ったことがある。根津が名古屋の麦酒《ビール》会社を買った時、どうしても他社に勝る味を出せなかった。根津はこういう時にいらいらして怒鳴りつけるが、事は工場の中の技術の話であり、怒鳴ってどうなるものでもない。

こういう時に、宮島に仕事を任せると、実にてきぱきと問題を片付けるのであった。宮島が日清紡をわずかの期間で立て直したのを見ても、その鮮やかな手法に根津は感心し、そのことをずっと覚えていた。根津は宮島を呼んだ。宮島は日清紡の経営で忙しいのだが、何とかなると思ったのだ。宮島でもだめなら株を売ってしまうつもりだった。

「お呼びでしょうか」

わざわざやって来ている。部下のようなものだが、根津にも遠慮がある。根津が唯一苦手とする宮島だが、彼も根津に対して恩義を感じてはいる。経緯はともかく、彼は日清紡の経営に携わる気は無かったが、根津の後押しで日清紡に行ったのだ。そういう機会を与えてくれたことに、宮島も今では感謝している。

根津は名古屋の麦酒《ビール》会社の現状を説明し、何とか味の改善はできないかと言った。名古屋に行って工場の中を見て、味の改善を始め道筋を切り開いて欲しいと頼んだ。宮島はしばらく考えていた。紡績会社の社長をやっている自分に突然名古屋に行って麦酒の味を改善しろとは無茶苦茶な話だが、根津もよほど困っているのだろうと宮島は思った。

「わかりました。行って見ましょう」

「おお。行ってくれるか」

「ただし一つだけ条件があります」

「聞こうじゃないか」

「わたしも日清紡から目を離すわけにはいきませんから、名古屋に行くのは味の改善が出来るまでとしていただきたい」

「当然だ」

「それからこれが一番大切な事だが、あなたは部下の言う事を聞かず様々に口を出す」

「口は出さない。約束する」

「しかし、あなたはそう言って約束をしていながら、日清紡が立ち直ったら次々と口を出して、わたしや部下の神経をかき乱しました」

「わかった。それはわかった」

根津に約束させてそのまま宮島は名古屋へ行った。そしてあっという間に麦酒の味を改善して見せた。宮島は工場へ泊まり込み、職人達と寝食を共にして技術的な改革へ導いたのである。根津は唸るしかなかった。

根津が宮島に対して、一種苦手意識を持った理由は、宮島が卓越した経営能力を持ち合わせており、そのことで畏れに近い感情を持っていたからでもあるが、宮島がずけずけと気に障る事を言ってのけることもある。そして宮島の私生活が謹直で私利を図ることが皆無だという事情にも依っている。病弱な奥さんと執事の三人で住んでいる家は、とても日清紡の社長の家に見えない。

それに宮島は自分の業績を全く誇る気がなく、後に後継者の桜田武が顕彰しようとすると怒ったという。何千何万という社員技術者の功績をただ一人自分のものにするのは正しい姿勢ではないというのが、宮島の考えであった。

中《あたる》はそれほど謹直ではないし、時々ずけずけと言う事はあったが、それでも分を守っている。宮島のように「あなたも骨董品集めさえしなければ凄い経営者なのだが」というようなことは言わなかった。

ともあれ富国徴兵保険で中《あたる》は順調に昇進していき、根津に全幅の信頼を置かれるようになっていった。前途洋々のはずだった。

第二章

帝人事件

金融恐慌に端を発した「帝人事件」

この事件を説明するには、まず「番町会」の説明から始めないわけには行かない。番町会は郷誠之助の私邸に集まって酒を飲む会である。郷誠之助は立志伝中の人物で、多くの会社を経営し、立て直して来た会社も多かった。郷はこの時七十近くで、東京証券取引所の理事長も兼ねていた。

新進気鋭の経営者や、功なり名遂げた財界人が彼の下に集まって勉強会と称して会合を重ねていた。

郷はその気分の中にいるのが好きだった。私邸を解放し料理を自前で出して月一回は会合を持つのであった。彼の私邸が番町にあったので「番町会」と呼ばれた。

メンバーは正力松太郎（読売新聞）、永野護（帝人取締役、丸宏証券会長）、河合良成（東京証券取引所常務）、渋沢正雄（渋沢栄一の息子）、金子喜代太（元浅野セメント社長）、中野金次郎（元日本通運社長）、伊藤忠兵衛（伊藤忠社長）、春田茂躬《しげみ》（中日実業専務）、後藤国彦（元京成電鉄社長）、岩倉具光（元阪急デパート副社長）が正規メンバー。出入りを厳しく問わないので、折々ゲスト参加する者もいた。円卓のテーブルで食事を取るから十人を人数の制限とした。

元のメンバーもそれで十人なのだが、中《あたる》も一度か二度は呼ばれた。郷誠之助に目を掛けられたわけでもなかった。郷は中《あたる》の事を覚えていないという情報もある。それくらいの距離だったし、番町会がまとまって何かをやろうとした事がなく、そういう趣旨の会でもなかった。ただし、この会を良からぬ事を企んでいる集まりであると非難する新聞社が現れたのである。

時事新報社という新聞だった。武藤山治が主宰していた。武藤山治は元鐘紡の社長で社会的な地位も実績もある人物だったが、時事新報を買い取って自らの新聞にし、盛んに『番町会を暴く』という題名で攻撃を始めた。

連載は数十回続いたという。何の秘密もない親睦会に過ぎないものを攻撃するのだから政治的な意図があったか、後ろで煽った人物がいたかもしれない。さすがの郷もこれには困ったに違いない。あるいは剛腹な男だから無視を決め込んだのだろうか。

中《あたる》は正式なメンバーではなかったが、メンバーの若手の気鋭たちとの付き合いはあった。河合良成、正力松太郎、永野護等である。彼らはいずれも将来を期す人物であり何事かをなそうとする気概に溢れていた。これに番町会ではないが、石坂泰三（後の経団連会長）が加わるかもしれない。

番町会攻撃の舌鋒を緩めない時事新報は、やがて奇妙で奇怪な情報を暴露し始めた。内部を知っている人でしかわからない話を書き始めたのだ。番町会のメンバーが関わっている帝人株の売買において、政官界を巻き込んだ贈収賄の疑惑があるという。

時は金融恐慌（昭和二年、一九二七年）の記憶も新しい一九三四年（昭和九年）である。犬養毅が惨殺された五・一五事件はその二年前の出来事である。農村は疲弊し、その社会不安を背景にテロが起きていた。

話の発端は七年前の金融恐慌である。普通の帝人株の売買なら、そのような疑惑は起きないのだが、この時の帝人株は、金融恐慌の煽りで整理縮小された台湾銀行の金庫に眠っていた株券であった。

金融恐慌のきっかけは、鈴木商店の経営破綻である。鈴木商店は商いを拡大させるために台湾銀行から多額の融資を受けていた。台湾銀行も大手の財閥銀行と戦うためにはと、鈴木商店への融資にのめりこんで行った。鈴木商店は台湾銀行に対して、融資の担保として手持ちの株式を差し入れていた。その多くは帝人株であった。そして金融恐慌の結果、鈴木商店は倒産、台湾銀行も危機に直面し、減資され、整理縮小された。帝人株は市場から遠い台湾銀行の金庫の中で眠る事になった。

帝人株は二十一万株あったという。台湾銀行は、日銀から借りた特別融資の返済原資として帝人株を現金化したいが、市場で売ろうものなら、この株数では大暴落する。誰かきっちりした買い手が相対取引で現れれば市場を崩さずにすみ、台湾銀行としては願ったりかなったりである。

一方、紡績株が必ず復活して来ると見ている投資家も多くいるが、帝人に大量に買い注文を出せば、株価をツリ上げてしまうので、こちらも十分には買えない。こうした微妙な時期に適正な価格で市場に戻そうとしたのが、永野護であり、河合良成であり、正力松太郎であった。

永野は東大卒で、渋沢栄一の番頭役を務めていた。渋沢は江戸末期から明治、大正、そして昭和初期までを生き抜き、〝日本資本主義の親〟といわれた人物。銀行、保険、電力、ガスなど約五百の会社を興した人物として知られる。そして永野自身、多くの会社の役員を兼任していた。証券会社や帝人の役員も含まれていて帝人の事情に詳しかった。この時、永野は四十代半ば、経営者として新進気鋭、脂が乗り切ったころだった。

河合は東大を出て農商務省に入った。東京株式取引所（現在の東京証券取引所）の常務理事になり、昭和に入って小松製作所（コマツ）の社長として会社を立て直した後、経団連の常務理事になった。また、戦後すぐ第一次吉田内閣の厚生大臣にも名を連ねた。この時四十代半ば過ぎで、永野同様活力に満ちていた。後に『帝人事件』を書いた。昭和初期の〝疑獄事件〟だが、起訴された人は全員が無罪となり、検察のでっち上げ事件とされた。河合も起訴されたうちの一人である。河合が書いた本は、事件の詳細を語る貴重な資料になった。

正力松太郎は同じく東大卒、年齢も永野や河合と同じくらいで警視庁に入り、警務部長になった。警務部長は警視総監まであと一歩の距離である。ここで「虎ノ門事件」が起こり、皇太子への暗殺未遂が防げなかった責任を問われ、懲戒免職された。

この後、恩赦で許され、読売新聞を買収し社主になった。当時の読売新聞は運転資金にも苦しい状況で立て直しに苦慮していた。河合も永野も正力を尊敬し兄事していたから、何とか正力を世に出さねばと思っていた。そう思わせる魅力が正力にあったのだろう。三人は相談し台湾銀行の金庫に眠る帝人株を大きく買い取って分売し仲介手数料で儲け、正力に渡そうと考えた。

永野は前述の番町会の主要メンバーの一人で、小林中《あたる》のことをよく知っていた。永野が根津を訪ねた時に、中《あたる》が根津に呼ばれて同席した。その様子を見ると、何か問題や質問がある時、根津は中《あたる》の方を見た。中《あたる》は淀みなく説明し、根津はその通りにした。はしっこい永野はその光景を覚えていて、根津の中《あたる》に対する覚えが絶大であると知り、今後は中《あたる》を通せば大きな案件は通ると確信した。

中《あたる》は永野の対応を見て抜け目のない男だと思ったが、それ相応に付き合っていた。帝人株の案件では、売り込み先が大事なので、永野は中《あたる》を訪ねて帝人株の売買の話をした。市場外で値段を崩すことなく、暴騰させることなく売買を成立させたいのだという。

「台湾銀行と話したが、満更でもない」

「値段は？」

「これから決めるが、両者にとっても市場価格近辺以外ありえないだろう」

「株数は？」

「とりあえず十万株」

「ふーん」

中《あたる》はしばらく考えていた。この話は乗って損はない。根津も好きそうな案件だ。永野が切り出した。

「それで君に頼みがある」

「ああ」

「富国徴兵保険でなにがしかの投資をお願いするだけでなく、生保協会を回って購入者を集めてもらいたいんだ」

「わかった。そのことは引き受けた」

と言って、すぐさま行動に移し、あっという間に買い方を揃えて見せた。永野は予想した通りとはいえ、中《あたる》の渉外能力を認めないわけにはいかなかった。

もう一人、永野は購入者の集め人として長崎英造（旭石油社長）を選んだ。長崎は東大卒。大蔵省理財局から台湾銀行に移り、後に鈴木商店で大番頭の金子直吉に仕えた。金子の直弟子として様々な案件に関わり、金子の帝人株への思いも理解していた。

中《あたる》と長崎の努力で買い手が確保され、売買価格も時価近辺の百二十五円に決まった。手数料は売り方買い方双方から一円ずつ、所定の仲介料を証券会社に払い残り十七万円を正力に渡した。二人は一銭も取らなかった。

正力を世に出したいという二人の思いは本物だったのだろう。印刷代にも事欠くと言っている正力は、この十七万円を新聞社のために全部は使わなかった。政治観のある正力からすれば二人の好意については謝すにしても、危なっかしい思いがしたのかもしれない。

正力は、その金の一部を藤田謙一に送った。藤田は第三代日本商工会議所会頭で、永野や河合より一回り以上歳を取っていた。鈴木商店の金子の下で顧問を務めていた関係で帝人株買い取りは、もともとは彼が主導したが、失敗し永野に先を越されたのだった。永野が仁義を切った形跡もなかった。正力はそれなりに藤田を宥めなければ危ないと思ったのだろうが、藤田の永野、河合への憎しみは激しかった。時事新報が内部しか知らない情報を使って煽り記事を書けるのは、藤田がしゃべっていたからだろう。

一方、正力は藤田のみならず政治家にも多額の政治献金をした。総理が務まると言われた正力は動きが難解である。帝人株の市場外取引が行われると、突然帝人株が急騰した。百二十五円だった株価が四カ月経つと百八十円になった。市場外で買った機関投資家は喜んでいるし、仕掛けた永野や河合はしてやったりだったが、周りの一般投資家は嫉妬する。ましてや時事新報が「疑獄事件ではないか」、「株式の高騰はわかっていたことではないか」と声高に叫び始めると様子が変わって来た。

番町会について五十六回連載を続けた時事新報は、最初は郷を大将として仰ぐ番町会そのものへの攻撃だったが、次第に帝人株の売買に疑惑があると言い始めた。すると議会でも取り上げられ、騒然となり始めた。そもそも帝人株を売却して金を返したい台湾銀行と、人絹株が上がるだろうという思惑を持つ機関投資家が、仲介によって売買を成立させただけの話である。違法行為などが介在する余地すらない。

検察は議会の騒ぎを見て、突然動き出した。犬養首相の後釜を夢想した平沼騏《き》一郎が、検事総長時代の部下を使って大疑獄事件を捏造《ねつぞう》し、斎藤内閣を倒したとも言われている。

しかし証拠は何もない。あるいは手柄を立てたい検事達が平沼を忖度《そんたく》して走ったのかも知れない。というのは、主任検事の黒田がそのような事を取り調べ中に口走ったのを聞いたという被疑者の話も残っているからだ。

検察が作った、事件の「筋書き」

よく「筋を読む」と言われるが、それは、証拠が指し示す事件の筋書きを推理するのではなく、あらかじめ筋書きを作り、それを証明するための証拠を集めることを言う。この方が手っ取り早いし、取捨選択も可能である。余計な事を考える必要がない。

しかし、この方法だと当初の筋書きが間違っていた場合、危険なのは捜査を一からやり直さなければならないことだ。その時、検察官は「やり直す必要はない、自白させればよい、証拠はでっち上げればよい」という誘惑に襲われるという。

主任検事の黒田はこう筋を読んだ。無論、時事新報を読んでいる。通常の商行為のはずはなく、こういうことには必ず収賄や贈賄が働くものだと思っていた。関係者は、この取引を成立認可させるために政官界へ金もしくは物を贈ったと読んだ。

証拠はなくても、引っ張って締めあげればよいと考えた。そして帝人に捜査に入り、社長に就任してまもない高木復亨《なおみち》と取締役の岡崎旭を検挙した。そして台湾銀行の頭取・島田茂、理事・柳田直吉、経理課長・越藤恒吉の三名も同日逮捕した。

黒田検事は拷問を使わず、心を折って自白をさせるのは簡単だと思っていた。どんなに社会的地位があって偉い人間でも、牢屋に入れて責め続け、誘導し動揺させ続ければ無い事でも自白する。こう思っていたし、他の検事達も同じだったと思われる。それで何度も成功した経験があったに違いない。というのは黒田検事が仕事中に死んだ後も、捜査方法や自白を強要するやり方は全く変わらなかったからだ。

この黒田主任検事が高木の取り調べに当たった。高木は一日牢屋に入っていた。写真を正面と横から撮られ、青い服を着せられて腰縄、手錠で検察まで来た。もうこの時点で、気の弱い者なら憔悴が始まっている。脅し、すかし、怒声を上げれば、たいていは参ってしまう。取り調べの時間は検事の裁量一つである。

高木は帝人の社長ながら弱い男だった。黒田は高木に姓名、年齢、住所を言わせた。それを筆記する検事補がいる。狭い窓のない部屋で正面に黒田が座っていた。高木は落ち着かない。呼び捨てにされることにも慣れていない。

話は少しそれるが、戦後の話を実体験談で聞いた事がある。取り調べで一番大事なことはディテールだと言う。官僚接待事件が戦後起こった時、容疑者だった某氏は検察に呼ばれ尋問を受けた。尋ね方は丁寧で、強圧は感じなかったようだが執拗だった。

「あなたは二年前の某月某日、赤坂の料亭Aに行き、B社の誰それと飯を食っていますね。覚えていますか」

「二年前の事など覚えていません」

「そんなことはないだろう。あなたはあの店を接待でよく使っていたはずだが」

「常連であったことは事実ですが検事さん。二年前のこの日と特定されて思い出す人がいますのか」

「いるでしょうね。自分の人生がかかっていると思えば」

某氏は絶句した。相手とは普通の会話をしているのではないことに思い至ったからだ。

「何月何日と言われましたか」

「某月某日ですよ」

「会ったような気がします」

「気がするでは調書になりませんよ。会ったんですね」

「会いました」

「部屋に通された？」

「通されました」

「どこの部屋？」

「奥の瀟洒《しょうしゃ》な部屋です」

某氏は常連のためどこに通されるのか知っていた。検事が頷いたので、何か手柄を立てたような気になった。

「酒が出た？」

「はい」

「銘柄は？」

「アサヒビールです」

某氏の会社はビールを飲むときはアサヒを飲むと決まっている。検事が頷いている。

「前菜は何だったですか」

「はっ？」

「前菜ですよ。コース料理を頼んだのでしょう？」

「しかし二年前のコース料理の前菜が何かまでは思い出せません」

「そんな事はないでしょう」

「無理ですよ」

「そうするとあなたは帰れなくなるね。思い出すまで。泊まっていきますか」

結局、誘導され示唆されて某氏は前菜からメイン料理、デザートまで全部思い出させられた。検事はあらかじめ料亭で裏を取って来ているため、誘導するなどは簡単なことだった。全部思い出させられた後、検事はそれまでの調書を読み上げ、メニューのディテールを書いた紙を渡して確認させた。

「これで良いですね」

そう言って最後に押印させた。こうして彼の有罪調書が完成した。あとは彼を罪に落とすか否かは主任検事との話し合いで決める。


さて高木に戻る。高木は帝人の社長だが、贈賄は台湾銀行なのか、帝人なのかについて検察はわかっていなかった。どちらかだと決め打ちにして、高木の知らない所では台湾銀行を責め立てていた。

「高木。お前は帝人の株売買を遅滞なく行うために永野と河合に礼をしたろう?」

「していません」

永野と河合に贈ったなどと黒田は思っていない。それに二人に贈っても何の罪にもならない。政界、官界でなければならない。

「だとすると官界か。大蔵省の誰かに贈ったのか」

「贈っておりません」

「ふーん。嘘を言うと、後で困ったことになるぞ」

「私は何もしていません」

「この企画で百二十五円だった株価が百八十円になった。関係者は喜び、台湾銀行は日銀への融資返済が出来、万々歳じゃないか。それでも関係者に礼もしないのか」

「しておりません」

「財界と言うのは不人情なものだな」

「贈る謂《いわ》れもありませんから」

「おい。高木。そんな通り一遍の説明で逃げられると思っているのか。この前の捜索ではお前の部屋の周りだけだったが、今度は会社全体に入っても良いんだぞ。新しく就任した社長のおかげで会社は仕事が出来なくなるな。それでも良いのか」

高木は就任間もない自分のせいで会社が窮地に落ちるのは忍びなかったし、検察が本気になれば会社を事実上止めてしまうことは出来るのだ。しかし、覚えのないことは言えなかった。

「お前が頑張ると、その手錠は外せなくなるな」

なぜ手錠をされたままなのかわからなかったが、それは被疑者を追い込むためであった。もし収監された一人部屋で手錠のままだったら食事も用便も困難になり、一晩続ければ精神状態までおかしくなる。心をあらゆる手段を通じて折る事を目的としているので、検察は手を緩めない。

「まあいいだろう。今日はこれ位で終わる。手錠はそのままだ。明日は枇杷《びわ》田という部下が担当する。言っておくが、枇杷田は俺のように甘くないから覚悟しておけよ。今晩牢屋でゆっくり考えろ。案件の礼を贈ったからといって、それですぐさま罪にはならないのだからよく考えろ。お前、釈放されたくないのか」

一日泊まっただけだが、高木は気が狂いそうになっていた。南京虫に溢れている一人部屋でむき出しの便所とベッドだけの部屋。思考が定まらないまま、翌日になって手錠のまま枇杷田という若い検事の前に出た。

枇杷田は突進型で、この案件で手柄を立てれば自分の前途が大きく開けると思っている。目の前に座った高木は憔悴の極みであり、厳しく責め上げれば陥落は近いと思わせた。頑強に抵抗する者もいれば、一瞬で陥落する者もいる。高木は後者だと思った。証拠など何もないのだから、自白をさせて芋蔓式に捕まえていくしかない。

「昨日一日考えて思い出したか」

高木は黙っていた。枇杷田はドンと机を叩いた。

「立て！」

高木はよろよろと立ち上がる。

「立って考えた方が思い出すだろう」

尋問のコツは同じことを何度も何度も聞くことだという。耳元で、大声で、机を叩いて。そうすると中枢の神経が麻痺して、言いなりになる。枇杷田は経験上、その事を知っている。半日責め立て最後に枇杷田が言った。

「これじゃー終わらないな」

「反物くらいなら贈ったかもしれません」

来た！　と思ったが枇杷田は逆に怒って見せた。

「反物？　そんなものであるはずがないだろ。高木。お前ふざけているのか。他のものだろう」

「商品券だったかも」

「馬鹿野郎！　そんなものであるはずがないだろう」

「帝人株だったかも」

枇杷田は飛び上がりたくなったが、静かに言った。

「何株だ」

「百株」

「正直に言わないと永遠に帰れなくするぞ」

「三百株」

「三百株だな」

「間違いありません」

「よし。今日の取り調べはこれまでだ」

嘘の自白をしてから高木は嘘を拡大しなければならなくなったが、会議で高木の自白を聞いた黒田主任検事は、すぐさま岡崎旭を尋問している別の検事に伝え責め上げるように言った。同じような精神状態であった岡崎は上司の自白を聞いて安心し、彼も嘘を言った。

帝人株千株を渡したと言ったのである
翌日、枇杷田の前に座った高木は岡崎が自白したから、帝人株は千三百株だったたと訂正させられた。それにしても不思議な事だった。十万株の売買が成立したのだから、帝人株は台湾銀行の金庫から出て投資家の下にあるわけで岡崎や高木が持っているはずもない。その千三百株はどこから来たのか。杜撰な捜査を予断と偏見、さらにはでっち上げでやろうというのだから、筋が悪くなる。

黒田主任検事は筋を読み直した。無いはずの株が突然出て来ては話が通らない。悩んでいると、別の検事が重要な情報を聞き込んできた。十万株の案件が、実は十万株ではなくて五千株契約不履行があって、実際は九万五千株であったというのである。五千株が浮いたので富国徴兵保険から貸し付けがなされて、その五千株の券面は富国徴兵保険の金庫の中に担保としてあるという。黒田はつながったと思い、こう筋書きを描いた。

富国徴兵保険の金庫にある五千株の内、千三百株を持ち出して、政官界に賄賂として贈り、あとは市場で買い戻して金庫に保管し直した。そうすれば、出て来るはずもない千三百株が出て来る。黒田主任検事以下、色めき立った。投資家に過ぎなかった中《あたる》が金庫の株券を持ち出して、又入れ直すと言う主犯の様相を呈してきたのである。

すぐさま検事が中《あたる》の自宅に飛んで中《あたる》は収監された。

この時、検事を待たせたまま朝風呂に入って、悠々と準備したという武勇伝の如き証言が残っているが、本当だろうか。中《あたる》は最後まで自分が収監されるはずはないと思っていた。なぜなら、投資家として参加しただけだからである。確かに生保業界を投資家としてまとめたことはあったが、それ以外は何もしていないからだ。

検事の取り調べで丁々発止のやり取り

収監されると素裸にされる。青い衣装を着せられて写真を撮られるのは前述した。さらに寝具を自分で持たされて、独房に入れられる。これだけで気の弱いインテリはめげてしまう。さらに検察庁舎へ行くまでは手錠、腰ひもである。なぜ、そんな目に合うのかわからない中《あたる》は怒りが込み上げてきた。帝人株の売買は通常の売買であり、違法行為はなく検察が介在する余地などない。

取調室に通されて目の前に枇杷田と言う中《あたる》より若い検察官が現れた。氏名、年齢、住所、職業を問われることから始まった。枇杷田が舌なめずりしているように見えるのは気のせいか。手錠が外された

「小林。お前はなぜ呼ばれたか、拘引されたかわかっているか」

「いいえ。皆目、見当もつきません」

「ほう」

「何の容疑で、私は拘引されたのです?」

「お前が富国徴兵保険で預かっていた五千株の内、千三百株を官界と政界に賄賂として

配った容疑だよ」

「はあ?」

「お前一人でやったと言うよりは永野、河合、長崎の四人が共謀したんだろうが」

「私と残りの三人が政官界に賄賂を使う?何のために?」

「帝人株を遅滞なく手に入れ、儲けるためだよ。なんせ百二十五円の物が、すぐさま百八十円になって儲かるのだからな」

枇杷田という検事は、株式市場の値動きのことをわからないのか。株が上がったのは、わかっていたからと後付けで言うのか?

「そんな馬鹿な。私は投資家として参加しただけなのに、そういう疑念が出て来ること自体がわからない。検事さん。株式の値動きはあなたの言うように、誰かの思うように動かせるものではありませんよ」

「ふーん。そうかい。お前は富国徴兵保険で財務を取り仕切っているそうじゃないか。言ってみれば、株式投資の専門家だ。永野や河合もその口だから、出来ない事は無かったんじゃないか。まあ、残りの三人もお前と同じ取り調べをするから、おいおい白状するはずだ」

「いい加減にしてくれ。身の覚えがない所かこれは冤罪《えんざい》だ！」

元々理不尽な物には黙っていられない性格だ。激しく抗議し立ち上がった。枇杷田は驚いたように立ち上がりドアを開けて出て行ったが、係官二人を連れて入って来た。二人は有無を言わさず手錠をかけ直した。

「お前は凶暴で暴れる可能性があるから、尋問の間のみならず独房の時も手錠をしていろ」

中《あたる》は再度抗議するが、鼻で笑われて最初の質問が繰り返された。

「千三百株を誰に渡した？」

延々と同じ質問が続いたが、中《あたる》は知らないと繰り返し、その日の尋問は終わった。同じ事の繰り返しが何日も続いた。中《あたる》は用便も食事も手錠をかけられたままで、不自由な生活を強いられていた。南京虫が徘徊するので体中が痒くてたまらない。食事の時は手錠が外されるが、その食事が喉を通らなくなってきた。こんな理不尽と戦うためには体力をつけておかなくてはだめだと思うが、心身が朦朧として時々自分がどこにいるのかもわからない。一月以上経っているはずだが、今日が何月何日なのか正確にはわからない。

翌日も、中《あたる》は枇杷田の前に出た。枇杷田は機嫌よさそうに中《あたる》を見た。

「長崎が全部白状したぞ」

「はっ？」

「長崎が帝人株千三百株をお前から受け取って、それを官界、政界に賄賂として使ったと。受け取った連中の名前も吐いた」

中《あたる》は驚く以外なかった。自分が触ってもいない帝人株千三百株が、突然長崎の手に渡りそれが官界、政界に渡ったという。元々千三百株など、どこにも存在していないはずだから。この時、中《あたる》はまだ司法当局とりわけ検察への信頼は壊れてはいなかった。冤罪と思ったのは、どこかに検察が誤謬を犯していると思ったからだが、彼らが意図をもって空中楼閣を作り上げ、でっち上げを平然と仕掛けてくるとは思い込めなかったのだ。その日も頑として千三百株の受け渡しを認めなかった。


捜査は長崎の自供で飛躍的に進んだ。長崎が挙げた名前は、検察が飛びあがるほど嬉しい名前だった。官界では大蔵省の黒田英雄・次官、大久保偵次・銀行局長、大野龍太・特別銀行課長、相田岩夫・銀行検査官、志戸本次郎・日本銀行検査官補。まさに根こそぎである。政界からは三土忠造・鉄道大臣、中島久万吉・元商工大臣。紙上に名前が踊り、世間の関心はますます高まった。

取り調べの最中に、中《あたる》は帝人事件が政界、官界に波及したことを知った。自分が触りもしない帝人株が、いつのまにか自分の手から長崎の手に渡り政官界に届いたという。そんな馬鹿な話はないと中《あたる》は認めなかった。

三ヵ月が経っても毎日、取り調べが続いた。黄疸が出て足が棒のように重くなって、まともに歩けなくなった。耳が聞こえなくなったり、集中が出来なくなり、ボーっとするようになった。取調室に向かう途中の廊下から外が見えた。凧が空に浮いていた。普段は思い出さなかった息子の喬《たかし》を思い出した。息子は五歳になっていた。ふいに涙が溢れて来て戸惑った。


「小林よ。そろそろ楽になったらどうだ。永野が自供したよ。長崎と一緒になって、政官界に帝人株を配ったと」

中《あたる》は黙っていた。聞けていないのかもしれないと思い、枇杷田はもう一度繰り返した。

「永野からのこと付けがある。もう楽になれと。楽になってしゃべれと」

その日の取り調べも長かった。枇杷田は時に怒号を浴びせ、時に机を叩き、時に甘言をもって誘導する。しかし、それでも中《あたる》は口を割らない。覚えのないことは言えないのだった。

夜、体がボロボロで、足も動かせないのに意識が冴え渡っている。今まで見向きもせず、鼻で笑っていた聖書と牧師の言葉が蘇った。

「あなたが夜、一人で苦しんでいる時、あなたの側《そば》に私はいる。あなたの重荷を背負うために」

中《あたる》は独房の中で号泣した。

又、一月頑張った。そして取調室に入った。

「黒田大蔵次官が嘆願書を書いた。罪を認め、さらに自分が配った帝人株の渡し先を言った。誰だと思うか」

中《あたる》は黙っていた。

「高橋是清の息子だよ」

中《あたる》は、よくもまあでっち上げを続けるものだと思う。しかし、現実は彼の周りには自供することで楽になる人間ばかりだった。中《あたる》は閉ざされているため、三土が頑として認めず、河合も落ちないでいることを知らされていない。

「斎藤内閣が総辞職した。お前、少しは責任を感じたらどうだ」

そして認めろ、認めないが繰り返された。枇杷田はもうすぐ中《あたる》が落ちると感じている。中《あたる》は顔色が悪く、時々意識も薄れるのかぼんやりしている。催眠状態に近く、やがて無意識のままにサインする。心を折れば、被疑者はやっていなくとも口を割る。その兆候が明らかだ。気になるのは病状が進行しているらしく、歩くのもままならなくなっていることだ。

その日、独房に戻った中《あたる》は差し入れてもらった紙に遺書を書いた。宛先は息子の喬《たかし》だった。『お父さんは悪い人達の罠に落ちて』云々とする遺書である。遺書の存在を知った検察は当然のように握りつぶした。

翌日、中《あたる》は枇杷田に言った。

「私から千三百株を受け取ったという長崎君と対決させてもらえませんか」

来た！　と枇杷田は思ったが、そっけなく無視した。

「だめだね」

「私はどうしても納得がいかない」

「そんな前例のないことを許すわけにはいかない」

「長崎君が自供した経緯は知らないが、私と話せば心を変えるかもしれない」

「許すわけにはいかないし、黒田主任検事も認めないだろう」

「どうか黒田主任検事を説得してください」

「労を取るのはやぶさかではないが、それで長崎が意見を変えなかったら、どうするつもりだ。お前は責任を取れるのか」

「私も男だから、私が話しても長崎君が意見を変えないなら、私の罪を認める」

自分から罠に落ちるとはこのことだ。長崎がここに来て、今さら証言を変えるはずもない。枇杷田は黒田主任検事の部屋に行き、経緯を話した。

「決まったな」

「はい。時間がかかりましたが」

「検事を同席させる条件を出せ。同席するのは枇杷田と堀、八木、餅原、長尾だ」

衆人環視の下でやらせ、長崎に圧力をかけたのである。

対決は検事五人と長崎、中《あたる》の七人が入れる広めの部屋が用意された。長崎がここへきて認めるはずもないとは思っていたが、中《あたる》はすがるように長崎に聞く。

「長崎君。君は僕が千三百株の帝人株を君に渡したと言っているそうだが、本当か」

「本当も何も、君が僕に渡してくれたじゃないか」

「馬鹿を言うな。ありもしない千三百株をどうして僕が持っていることがあるか」

「君が富国徴兵保険の金庫から取り出して僕に渡してくれたんじゃないか。忘れたのか。いったん配った後、君は市場から手当てして埋め合わせておくと言ったじゃないか。そうしたんだろ?」

「君はそんな嘘を公然と吐いて、恥ずかしくないか」

「周りは皆認めている。君だけが渡していないと言い張っている。おかしいじゃないか」

水掛け論のようなことが延々と続いた。中《あたる》もさすがに、あきらめないわけにはいかなくなった。その日、責任を取れと強く迫られた中《あたる》は仕方なく千三百株の受け渡しを主導したと自白してサインした。

供述否定、そして現場検証で昏倒

身に覚えのない事を責任論なる馬鹿げた事由で自白した。どこか口実を設けて楽になりたいと思っていたのかもしれない。しかし、自白してサインしてからも、猛烈に心の痛みがぶり返した。身もだえするほどに。

牢屋の扉は開け放たれていて、手錠をかけられている。時々、係官が様子を見に来るのは自殺を警戒しているのだろう。そういう監視体制に変わったのだ。死なれては困ると思っているに違いない。一時は自殺まで考えて遺書まで書いたが、今は敵愾心《てきがいしん》が翻って来た。中《あたる》は典型的な甲州人である。嘘の自白をして、名誉を失ったまま公判に出る事など出来はしない。体はボロボロで立っていられない程であったが、その体内には甲州人の血が滾《たぎ》っていた。

翌々日、枇杷田の前に出た。中《あたる》は一昨日の供述を否定すると言ってのけた。大騒ぎになった。一昨日、すべての輪が繋がった検察は喜びに溢れていたが、中《あたる》の供述否定によってすべてが振り出しに戻った。ものすごい怒号と罵倒が起きた。特に面子を潰された枇杷田の怒りは凄まじかった。しかし中《あたる》は頑として譲らなかった。

ある日、堀という検事が来て、永野が会いたがっているが、二人で会ってみるかと提案してきた。中《あたる》は一も二もなく受け入れた。分断されて、検察に有利な情報だけが知らされるわけだから本当の所はわからない。永野は自供をしたと聞かされているが、実際の所は本人に聞いてみないことにはわからない。

通されたところは広い畳の部屋で、火鉢もあった。弁当が差し入れられた。堀検事が甲斐甲斐しくそれを運んで来て、どうか食べてくれと言い、それからしばらくして部屋を出て行った。それからも堀は部屋を出て行ったり時には入ってきたりした。様子を見に来ているわけである。人の好い検事などはどこにもいない。

中《あたる》はこの事件の前までは検事や法務官を信頼していたが、今は寸毫《すんごう》も信じなくなっていた。彼らは平気で嘘をつき、でっち上げをする。一日も早くここから出て、公判で勝負をかけることだ。

既に部屋に入って待っていた永野は、青い服を着ぶくれに着た中《あたる》が、薬の瓶を持って足元も覚束なく入って来るのを見た。自分も同じ処方をされているので、中が黄疸を酷く病んでいるのがわかった。席についた。

「小林。酷いじゃないか。何で長崎に千三百株を渡したりしたんだ」

中《あたる》は心外と言う風に怒って「そんなものはでたらめだ」

「嘘なのか」

「当たり前だ。あれは悪党の長崎が苦し紛れにでっち上げたことだ」

「そうなのか」

「君こそ自供したと聞いているが、どうなのだ」

「仕方ないじゃないか。中島さんまで金を受け取ったと自供しているんだ。この帝人案件を仕切ったのは俺だよ。その俺が知らない所でどうして金が動いている?俺だけ蚊帳の外か」

会談は朝から始まって午後四時ごろまで続いたと記録にある。永野は中島に渡った十五万円がどこから来たのかを言い、長崎ではないなら誰だといぶかった。このままでは出られないから君が十万、自分が五万出したと言ってここから抜けようと言ったりした。

その会話を、時々様子を見に来た堀が聞いていた。公判勝負と言う思いは被疑者全員の思いだった。そう思うから嘘の自白をして釈放されようとし、結局、検察のストーリーは巨大な空中楼閣になって行った。

中《あたる》は釈放されないまま、富国徴兵保険の金庫室の前で、どうやって株券を取り出したかの現場検証に立ち会うことになった。その頃、健康はさらに悪化して立っていられない程になっていた。

中《あたる》は足を引きずり、ちょうどアヒルが歩くように前に出た。手錠をかけられ、膨れ上がった顔をゆがめて前に出た。腰紐が掛けられている。遠くから痛ましそうに社員が見ている。それを恥ずかしいという感覚までも消え入りそうだ。

「小林。もっと前に出ろ。もっと前に出てどうやって株券を取り出したかを説明しろ」

足を動かそうとした中《あたる》は突然昏倒《こんとう》し起き上がれなくなった。そのまま意識を失った。その日、中《あたる》は釈放された。このままでは死ぬと思われたのだった。

帝人事件その後

根津嘉一郎は信長のような男であると前述したが、信長も苛烈な君主で、家来は追い使われるままに奔走せざるを得なかった。それでも信長に家来がついて行ったのは、彼が賞罰に公平、公正で先を読む能力に秀でていたからだが、それだけで家来はついて行かない。史実にはあまり知られていないが、信長は戦陣で命を失った家来に何度か号泣している。生き残った家来は、その号泣を見て彼が情に厚い事を理解した。この人について行っても大丈夫だと。

根津嘉一郎もそういう男だった。一度信じた部下は死んでも見放さない。中《あたる》に対してもそうだった。中《あたる》はこの時、新聞紙上を賑わす刑事被告人である。しかし他人の毀誉褒貶《きよほうへん》は根津には関係がない。彼が信じている限り、中《あたる》は無罪である。後に根津は公判でも熱弁をふるって中《あたる》を弁護したが、最初に検事が彼を訪ねてきた時も同様だった。検事は番町会から質問を始めた。

「根津さんは番町会の準会員であったという噂ですが」

「郷さんの会のことか」

「はい」

「どういう男が正会員なんだ」

「正力松太郎、河合良成、永野護」

「おいおい。そんな若造が正会員で俺が準会員とはどういうことだ。もし誘われても、そんな会に俺が入ると思うか。それは時事新報のでっち上げだよ」

検事はすぐに引き下がった。元々時事新報の事はぜんぶ信じているわけではないからだ。

「小林中《あたる》について、今度の事件で思い当たることがありますか」

「思い当たるも何も、小林がそんな事をするわけがない」

「どうしてそう思われるのです」

「いいかい。検事さんは知らないかもしれないが、小林家というのは山梨県では屈指の金持ちだよ。あのへんじゃ、小林というだけで通るくらいだ。小林はその当主だよ。金には全く困っていないんだ」

「そうかもしれませんが」

「それとな。あれは甲州人の典型で剛毅《ごうき》で、曲がったことは絶対やらない。だから、自分の利益のために不正をすることなどは、止めることはあってもやらないんだ」

それからも絶賛が続くので、検事は質問を打ち切った。


中《あたる》は少しずつ健康を取り戻した。そこへ河合良成がやって来た。屈辱に耐え、三土と共に全く屈しなかった河合は、公判の戦いでも先頭に立った。弁護士の配置や尋問への対策を練ったのである。その結果、検察捜査の全貌が明らかになって、すべてがでっち上げであり、自白した者でも誘導や脅迫を逃れたいために検察に追従したことがわかった。逮捕された十六人全員がそうなのだ。分断されていた十六人が河合の奔走で結束した。

それから二年あまり。

何度も公判に呼び出され、そうでない日は自宅にいるしか仕方がなかった。黙然として庭の植木を見ていた。

結審の日が来た。十六人全員が藤井裁判長の前に出た。判決の要旨は六時間半かかったというが、主文は簡潔だった。

判決。全員無罪。

判決理由。

『証拠不十分にあらず。犯罪の事実無きなり』

中《あたる》は膝が笑って立っていられない程だったが、ぐっと踏ん張った。あちこちで天恩を謝すという言葉が聞こえた。天皇陛下に感謝するという事だったが、国家への信頼が戻った事に感謝するという意味だったかもしれない。裁判所は二年以上の時間をかけて、すべては検察のでっちあげであると断言したのである。時の法相が控訴を断念したので、ここに十六人全員の無罪が確定した。

中《あたる》は根津の下に戻って報告した。根津は周りが驚くほど、中《あたる》を弁護したことを中《あたる》は聞いていた。根津は相手の立場に応じてものを見る人ではないとわかっていたが、それでも感謝した。この人の恩に報いなければと思った。一連の過程で裏切る者、逃げる者、責任回避する者、後ろから刺す者、多くの嫌な光景を見てきたが、根津は全く変わらなかった。

「おお。よく戻って来たな」

「ありがとうございます。暖かい弁護を頂きました。お礼のほどもありません」

「なに。本当のことを言ったまでだ。すぐに富国徴兵保険に戻るか」

「大蔵省の態度がまだはっきりしません。しばらく様子を見た方が良いと思います」

「よし関連会社へ行け。そこで休んでいろ。時々俺の所へ来て秘書めいた事をやれ」

そういうことで、中《あたる》は関連会社へ行った。ポストはあるものの、仕事はほとんどなく、無聊《ぶりょう》をかこっていると根津から呼び出しが来る。そして、次々と用事を言いつけられる。さらには宴会に同席させられる。根津は帝人事件がないかのように中《あたる》を使いまわした。その内、大蔵省から許可が出たので、富国徴兵保険に戻って取締役になった。しばらくして専務になった。誰が見ても吉田の次は中《あたる》であると根津が言っているようなものだった。

表面上は、帝人事件は過去のものになって、心を折られた経験は他人からは見えないようになったが、実は決してそうではなかった。結審の後、永野と河合が連れ立ってやって来た。帝人事件の話になって二人は、「三土さん（鉄相、前述）の所に迷惑をかけたから三人でお詫びを言いに行こう」と切り出した。どうやら来る前に相談してきたらしい。さすがに悪党の長崎の名前は出て来なかった。

「どうだ、行こうじゃないか」

「君らが行くのは勝手だが、何で僕が行く必要がある」

「まあそう言わずに行ってくれよ」

「君らは帝人事件を起こした当事者だ。だから三土さんに謝罪するいわれがある。僕は被害者だよ。いわば三土さんと一緒だ。だから僕が行く必要はない」

二人が何と言っても聞かなかった。二人には恨みはないが、わだかまりがずっと付いてまわった。

さらに三十年後、河合は帝人事件の屈辱の経験を思うと、夜中に起き出して叫びたくなった。そして『帝人事件』を書き上げた。河合は小松製作所を立て直し、財界人としても重鎮になっていたが、帝人の屈辱を晴らしてやるという思いが消えなかった。河合は書き上げた原稿を中《あたる》の秘書の秋山智史（前述、元富国生命社長、現相談役）に送って電話してきた。

「私が送った原稿は届いたか」

「頂きました」

「それを持って小林の所へ行ってな、加筆、修正、削除があればしてくれと。感想も教えてくれと。お前からも頼んでみてくれ」

「わかりました」

秋山は大事な事だと思ったので、中《あたる》の所へ原稿を持って入っていき、河合さんからこれこれと説明した。そして原稿の束を差し出した。

「秋山」

「はい」

「俺は読まないよ。心情として俺は読めないから」

「はい」

「お前が適切にやって置け」

三十年経って夜中に飛び起きて、経緯を書かずにはおれない財界人と、心情として読めない人と。いずれの場合も心を折られた経験は歳月で癒《いや》せないものなのだった。

幻に終わった東武鉄道、東急電鉄統合を提案

根津の事業意欲は全く衰えない。朝は冷えたタオルで入念に冷水摩擦をして、屋敷のだだ広い便所に入る。真ん中にドンと座ってその日の事を考える。案件は山のようにあるし、放っておくと整理できない程に増えていく。根津財閥とも言うべき、彼が支配下に置く企業は著しく増えていた。特にぼろ会社があると買いたくなるのでその数は増え続けた。大きな部屋に座って根津は中《あたる》が持って来た案件を考えていた。隠してはいたが、喜寿を過ぎてから体の衰えを気力で補うようになっていた。その根津にしても私鉄の一体化、すなわち東急電鉄と東武鉄道の合併というのはどう理解して良いのか。これは武蔵野鉄道の時と同じ様な事ではないのか。

根津は帝人事件が始まる二年ほど前、昭和七年（一九三二年）、中《あたる》を怒鳴りつけた事があった。武蔵野鉄道の株価が低迷し、根津の評価で言う「ぼろ株」の範疇に入った。しかも鉄

道である。根津の食指は激しく動いた。早速調べて、富国徴兵保険でも社債を引き受けさせた。ところが、武蔵野鉄道が倒産してしまった。根津は傘下に収めるべきだと考えた。中《あた》はカバン持ちで常に根津の側にいるので、どういう案件が進行中か、根津が何を考えているかは手に取るように分かった。中《あたる》は進み出た。

「あなたは鉄道協会の会長です。いわば鉄道王のようなものです。その王様が機会を捉えて、武蔵野鉄道を傘下に収めようとするのは如何なものでしょうか」

虚をつかれて根津は驚いた。まさに、そのことを考えていたからだった。

「何だ、突然」

「今申し上げた通りです」

「お前に意見を聞いたか」

「いいえ」

「鉄道協会の会長はなりたくてなったわけではない。それに協会長が行動を制限されるなら、そんな役職は願い下げだ」

「協会長は鉄道協会の公の利益、ひいては公のために何をすべきかを考えるべきで、協会長自ら自社の利益に狂奔すればどう見えるでしょうか」

「お前如きが偉そうに」

「協会長は、常に周りがどう見るかを考えて行動すべきです」

「綺麗ごとで恰好《かっこう》をつけるな！」

怒鳴りつけると、同時に近くにあった筆箱を投げつけた。中《あたる》はそれを躱《かわ》して前へ出た。

甲州人は言い出したら止まらない。

「あなたは気に入らないと部下に物を投げつけるようだが、それで良いと思っているのですか」

これほど反抗して物を言う部下を見たことが無かったので、驚きと共に目の前が暗くなるほど頭に来た。そう思った時は立ち上がって座っていた椅子を振り上げていた。そして制御が効かないままに投げつけた。

中《あたる》はそれを躱してもう一歩出てきた。ここまで来たら会社にいられない。退職するのだから、怖い物はない。それから二時間ほど怒鳴りあった。根津は放り投げる物がないので、机をバンバン叩いた。中《あたる》は、この際、全部ぶちまけてやろうと思って一歩も引かなかった。

「お前は現実の戦いを知らず、塩辛さが足りない」

「あなたは目先の利益を求めるばかりで、大きくなった根津財閥の世間への心配りが足りない」

要約すれば、そういうことをお互いが言いたかったようなのだが、怒鳴り合っていたからひたすら疲れるだけだった。根津は中《あたる》の発言の中に、真摯《しんし》な姿勢を聞いた。この男は根津財閥のために言ってくれている、得難い男だと認識し始めた。最後は珍しく根津が妥協した。

そして今、中《あたる》は東急と東武鉄道の合体を言い出したのだ。乗客の利便のためには経営を統合した方が良いと。

「五島慶太は泥棒だぞ。まさか官僚上がりのあいつが新会社の社長になるんじゃあるまいな」

「それくらいの条件を出さないと、五島は乗ってこないでしょうね」

「馬鹿な。話にならん」

「根津さん。たとえ経営統合しても、あなたの株主としての持ち分は変わらないし、乗客の利便の向上によって、株価はさらに上がりますよ。何を心配する必要があるんです」

「お前は五島という男を知らんのだ。乗っとったら何をするかわからんぞ。切り刻まれて、東武鉄道はなくなる可能性もあるのだぞ」

「仮にあなたが新会社の社長になったとして東急を切り刻みますか」

「そんなことはしない」

「なぜです？」

「経営というのは顧客のため、社員のため、ひいてはその会社の未来のために手を打つことだからだ」

「五島もそうするのではありませんか」

「むう」

「仮に藤太郎さん（根津の息子）が新会社の社長になるとしてどうですか」

「それは無理だ。あれは二十代の小僧ではないか」

いつまでも社長をやるわけにはいかないのだから、先のことも考えて手を打っておくべきと中《あたる》は示唆しているのだ。しかし、思いきれなかった。健康に不安を抱えているものの、ずっと自分が社長をやって行けるような気がする。それに若尾と同様に、一族で経営支配を続けたいという妄念は根津にはなかった。

自分が育てた東武鉄道には未練が残るだけだった。しかし、次世代に任せるより仕方がないとも思う。次世代は中《あたる》に任せるしかない。中《あたる》を大番頭にして、嫡男の藤太郎を補佐させればよい。三井一族が三野村利左衛門を大番頭にして、幕末を乗り切ったように、中《あたる》にかじ取りをやらせるしかないと。

「わかった。了承しているわけではないが、お前、五島の所へ行って、交渉して来い。相手の出方を見て考える。ただし俺は突然止めろと言うかもわからん。それは相手に最初から言っておけ」

「わかりました」

そして中《あたる》は五島慶太の所へ行った。そして乗客の利便のため、二つの会社は経営統合するべきだと展開した。五島慶太は明治十五年生まれ（一八八二年）。万延元年（一八六〇年）生まれの根津嘉一郎とは二回り近く違う。この時、五十代だから年齢で言えば確実に根津の方が早く亡くなる。中《あたる》が明治三十二年（一八九九年）生まれだから、五島とは、さらに二回り近く違う。

五島慶太との交渉、そして根津嘉一郎の急逝

五島は苦学して東大に入り、農商務省に転じて鉄道省に入った。鉄道省で出世が遅れ総

務課長になったが、七等官であったために課長心得の肩書がついた。憤懣やるかたなく稟議が廻って来る度に『心得』を消して、総務課長で押印した。

次官がこれに気づいて「どうしてこういうことをするのか」と聞くと、「私は課長としての責任を持って仕事をしているのに心得とは何事か。私を侮辱しているのか」と反撃した。次官はその場で課長にした。

しかし、覇気のある男は役所勤めが気に入らず、鉄道事業に入った。小林一三（阪急電鉄社長）の下で働き、目蒲線を立ち上げ小林の推薦で社長になった。以後、東横線を開通させて沿線を開発し、乗客を増やし、東急の基を築いた。一方、営団地下鉄の買収や、三越の買収などはほとんど成功しなかった。

強盗という悪名ばかり立って、大手銀行からも総スカンを食らっている。志と器が合わないことに、五島自身がもがいている時期だった。中《あたる》から東急と東武の経営統合を持ち出された時、塩辛い五島は本気にせず、根津は合体を言いつつ東急を買収するつもりだと受け取った。何せ、ボロ会社を乗っ取って、優良会社にして売り抜けるか継続して持つかする男だ。自分も「強盗慶太」と言われているが、強盗の先輩のようなものだ。

「小林君、君はそう言うが、本当の所、根津さんは何を考えているのかね」

「何も。私が申し上げた事以外は」

「じゃあ言うが、僕の所から二つ鉄道を出せば、君の所からも二つ出せるのか」

「無論です」

「では聞くが、その統合会社の社長は誰になる？」

これが五島の聞きたいことだ。五島は粘っこい視線を中《あたる》に注いでいる。

「それは五島さん。あなたですよ」

五島は驚いた。

「小林君、本当だろうね。土壇場であの話は無かったと、根津さんが言いはしまいね」

「細部を詰めませんか、双方から人を出して。逃げられない具体論にしましょう。根津は私が責任を持って説得します」

中《あたる》は根津も受けると踏んだ。昔の根津なら怒鳴って一蹴しただろうが、根津はカーネギーやロックフェラー一世に会って、生きざまがわずかに変わりつつある。しかも、後継者問題は何らかの手当てをしておかないと藤太郎へ、そのまま事業を渡しても先行きは難しいことになる。

中《あたる》は結果を報告に帰った。富国徴兵保険の専務をしているのだが、やっている事は根津財閥の経営戦略本部長のようなものだ。誰も中《あたる》の領域に立ち入れないし、根津も宮島を除いては中《あたる》以外相談する者がいない。根津は頭ごなしに中《あたる》の話を否定しなかった。

かと言って、それで良いとも言わない。体調が悪そうで、即断即決の根津が躊躇っている。不安要素については最初の提案の時に十分考えているはずだ。根津は豪快に見せながら繊細で、細部をおろそかにせず考えに考える。決めれば先導獣のように驀進《ばくしん》して引かない。中《あたる》に行って来いと言った以上、結論が出ているはずだったが。

根津がはかばかしい返事をしないまま時間が過ぎた。五島からは催促の電話が掛かってきたが、諾とも言えず否とも言えない。その内、根津の体調が悪化し、病院に入ったのでこの件は沙汰闇になった。しかしこの交渉で五島の中《あたる》に対する印象は相当に良かったため再度、戦後に再会する事となった。

根津が急逝した。あっという間だった。見舞いに行かなければと思っている内に、人事不省になって危篤が知らされた時は亡くなっていた。後継体制のことは誰も知らされなかった。元々、きっちりした組織論は無く、巨大会社群になってはいても根津一人の意思決定によって、すべてが動かされてきた会社である。だから富国徴兵保険の専務がかばん持ちをしている。「根津の側に小林あり」という声望は出来つつあったが、組織の裏付けで保証されているわけではなかった。それに戦争が始まってしまって、どの会社もそれどころではなくなっていた。

戦時中は、生保の商品は独自に存在してはいた。富国徴兵保険も、主力の徴兵保険の他に出世生存保険と言うのがあった。これに加えて運営を政府主導でやり、生命保険会社には委託販売させる興亜生命保険という商品も取り扱っていた。これを販売するかどうかは各社の任意であったが、富国徴兵保険は採用して販売していた。当時は外勤の営業専任職もなく、多くの外勤社員は代理店のような存在だった。興亜生命保険を富国徴兵保険の名で販売するが別段、他の生命保険会社と契約することを阻害しない仕組みである。それでも昭和十八年（一九四三年）、富国徴兵保険には内勤社員が五百人いたという。

中《あたる》はゆっくり起きて会社に出かける。これは若い時からそうで、その事を見慣れているのか誰も非難をしない。小林はそういう人だと皆思っているのだ。営業にノルマを課し、自らも数字達成を目標にする吉田義輝社長と肌合いが合ったかどうかはわからない。根津が引っ張りまわしていたから、吉田と会う機会は少なかったと思われるのだが、根津も死んで富国徴兵保険専務だけのタイトルになって顔を合わせる機会も増えていた。会社の組織上ナンバー二になったわけだが、仕事がなかった。富国徴兵保険も戦争中だから、資産も契約残高も伸びない。後になって中《あたる》から吉田社長のことがほとんど言及されないのはどういうことなのだろう。

その吉田が昭和十八年（一九四三年）に急逝した。後継は中《あたる》しかいなかったが、『ちょっとすんなり行かなくて揉めたが』結局、中《あたる》が社長になった。誰が止めろと言ったのか、中《あたる》はその先を書かなかったが。

さて、ここから戦後の活躍が始まるわけだが、その前に、戦後の中《あたる》に大きな影響を与え、中《あたる》を「財界四天王」と言われるまでに導いてくれた宮島清次郎について書いてみたい。宮島の凛冽《りんれつ》なまでの生き様を中《あたる》が理想とし私淑《ししゅく》していたからである。

宮島清次郎氏

第三章

宮島清次郎

犬養毅、片山潜との〝縁〟

宮島清次郎は明治十二年（一八七九年）、現在の栃木県佐野市に小林家（後に入り婿して宮島になった）の次男として生まれた。父親は佐野銀行の頭取を務める資産家で、厳格な人で、五百町歩の大土地所有者という豪農でもあった。宮島は次男で生まれたが、長男よりも期待されて厳しく教育された。

厳しくというのは、勉強をさせられるということではなく、あらゆる家の手伝いと農作業をやらされるということである。奉公人より早く起きて、広い屋敷の廊下掃除をさせられた。学校へ行く前に、庭の草むしりを終えていなければならない。小学校はお寺の中で先生は坊主だったり教員だったりするが、その教員も家に帰ると農作業が忙しい。真っ黒になって働いていた。働けない奴はだめだという信念は、この頃から植え付けられた。

旧制の中学校に入ると、寄宿舎暮らしになった。実家では次々と家の用事と農作業の手伝いが降って来るが、寄宿舎は何もしなくてよくなった。

（何だ、天国じゃないか）

同じ宿舎に入れられている生徒は、夏休みや冬休みには家に帰れるとはしゃいでいるが、宮島は少しも嬉しくなかった。体も大きくなっていたから、農作業の手伝いも本格的になって来る。中学でテニスや野球をやっている方が楽しいに決まっている。勉強をしないで遊びばかりしていることは、成績に現れるから、厳父にも連絡が行く。さらに学校の裏の私有地の森に入って、木を切り取って薪にしたり、寄宿舎の舎監を虐めたり羽目を外した。

ある日、突然父から中学を辞めて、日本橋伝馬町の丸文に奉公に上がるように言われた。晴天の霹靂《へきれき》で驚いたまま日本橋に行ったが、これが地獄とはよく言ったものだ。人間は肉体的な苦労や、慣れないことへの精神的な疲労などは何とか耐えることが出来るが、蔑視と人間扱いされない環境で理不尽な責め苦をされると耐えられなくなる。

丁稚から番頭になるには短くても二十年掛かって、百人に一人あるかないかと言われる。その一人以外は放り出されるしかない。病気になって放置されるか、体の一部が損なわれるか、安宅弥吉と言う安宅産業の創業者の弟は、奉公に上がり食事を削られるまま生きて、脚気になって親元に送り返されたという。

陰湿ないじめや体罰がそこここにあって、主人からして働いている者を大切にしないため、その考え方が番頭手代に浸透していく。宮島が驚いたのは番頭、手代の誰一人主人や店に忠誠心を持っていないことだった。それはそうだ。小さい頃からいじめや体罰にさらされ、長じては自分がそれを繰り返すのだからそういう感情が育つはずがなかった。丁稚奉公十ヵ月、さすがの宮島も根を上げた。

宮島は父に手紙を書き、丁稚を辞めたいと言った。父は宮島が懲りたと思ったのか、中学への復学を許した。

宮島は人が変わったように勉強し、金沢四高に進み、そして東大に入学した。東大の入学時の保証人は片山潜である。片山は歴史に残る社会主義者。その片山が保証人になったいきさつは、父の友人の岩崎清七と片山潜が肝胆相照らす仲だったことによる。

岩崎清七については、日清紡の件で後に触れる。岩崎は片山の勧めで、徴兵を逃れてアメリカに留学した。やがて片山もアメリカに渡って来て、二人の友情はなお一層深まった。宮島は保証人のお礼と共に、片山に挨拶に行く。それからも何度も訪問するようになった。

片山の周りには、いつも若い人達がいた。労働運動家ともいうべき人達で、熱心に議論していることが多かった。片山はその若い人達の指導者というよりは、議論仲間という感じだった。片山は教条主義的なマルクス主義者ではなかった。そうであれば、企業家の岩崎と親交を結ばなかったであろう。アメリカの巨大な文明も見ているのだ。さらに彼の素養の基礎は漢学だった。

ある時、宮島が尋ねた。

「片山さん。私が訪問すること、相当の回数になります。私に片山さんの考え方をおっしゃらないのはなぜですか」

「思想などというものは、押し付けて刷り込むものではないのだよ。君は今まっさらの状態だ。色々なことを学んでから、どうしても学びたいというのなら来なさい。それまでは自分の経験、感性を大事にするんだ」


後年、宮島が教えを乞いたいとはっきり行動したのは、片山ではなく犬養毅《いぬかいつよし》だった。犬養は政党政治家で後に首相になった。宮島は実業界へ出る気は無かったから、友人に紹介された犬養の下へ日参して政治家になろうとしていたのである。犬養はどこが気に入ったのか、宮島が来ると来客があっても、優先して会ってくれた。この青年は見どころがあるから鍛えてやろうと思ったのである。明治から昭和にかけて、若者を鍛えるという気風がわが国には強かった。

ある日、犬養の屋敷の呼び鈴を押すと誰も出なかった。裏へ廻って案内を乞うたが返事がない。仕方がないので、もう一回表へ廻って呼び鈴を押し、名前を告げるとすんなり通された。待つほどもなく犬養が出てきた。

「君はさっき裏門から案内を乞うたか」

「表門から入れてもらおうとしましたが、返事がありませんでしたから」

「将来に志を持つ者が、商人や御用聞きの如く裏から案内を乞うとは何事か」

声は凛然として犯しがたい威厳があった。事情を説明すれば、一喝されるだろうと思ったので、宮島はすぐさま謝った。

別子銅山で「現場」に入り込む

大学も四年になって就職の季節が来た。政治家になろうと思っていた宮島は犬養の所へ相談に行った。すぐさま賛成してくれると思ったが、犬養の答えは否だった。

「政治家になるのは構わないが、今では無いと思う。何の準備もなく始めれば落選が待っているだけで、生活を維持するために、やらなくてもいい事をやって屈辱が増えるだけだ。それ以外は役人になることだが、君は役人には向いていない。二、三年で上司と喧嘩をして辞めるに違いない」

犬養は苦労人だけあって、宮島の性質を見抜いていた。

「なぜですか」

「君は役人になりたいかね」

「別段」

「正義感が強すぎると、役人は続けられない」

「はあ」

「どうしても役人になりたいなら外交官になれ」

「はあ」

「だから民間に出るのが良いんだよ。民間でも政府関連企業はだめだ。君はそこでも喧嘩して辞めてしまう。純粋な民間を選べ。民間には懐の大きい上司がたまにいる。そういう人が君を生かしてくれる。行きたい所はあるんだろう」

「銅山へ入って採掘をしたいと思います」

「住友か」

「はい」

「別子だな」

「もし許されるのであれば。さらに」

「うん」

「シナに渡って、日本とシナとの経済連携を図りたいと思います。そのために中国語もかなり勉強しています」

「それでいい。それをすべてやり切ったら又来なさい」

犬養自身は剛直な所があったが、政治家として妥協も出来たし、駆け引きも巧みだった。そうで無ければ政友会総裁になどなれはしない。しかし犬養は宮島という純朴で一本気な若者が好きだった。宮島も事あるごとに犬養の元を訪ね報告した。長い年月そうしていたから、いつのまにか莫逆《ばくぎゃく》の友（心から打ち解けられる友人）のようになっていた。犬養が五・一五事件で倒れた時、宮島は号泣したと伝えられる。

しばらくして、見事に住友銀行に就職した。そして希望通り住友鉱山に配属された。

別子銅山の中央事務所は愛媛県新居浜市にあって、銅山の現場は別子の山の中にあった。配属された宮島は、様々な雑用と新人研修と称される負荷作業を課されたが、そんなことではへこたれない。丁稚への陰湿ないじめなどではもちろんなく、大企業住友らしい幹部教育だったからだ。

月給が五十円で寮に住んで賄付《まかない》きであったから、懐も温かく楽しい日々が続いた。時々、上司に連れられて別子にある銅山事務所へ行く。その時だけ刺すような視線が降って来た。丁稚の経験があるから、その種の怒りや憎悪には敏感に反応するようになっていた。

(何かおかしい。これは実際に調べる必要があるな)

そう思った宮島は、休日の日は必ず一升瓶の酒を持って銅山の鉱夫を訪ねた。一人者もいたし、家族持ちもいたが多くは家族と離れて住んでいた。山の中には家族は住めないからだった。

一升瓶を担いで来る若者に、すぐには気を許さなかったが、それでも珍しいと思うのか小屋に上げてくれた。車座で飲むこともあったし、一対一になることもあった。将来幹部を約束されている若者に本当に心を開いたかどうかはわからないが、労働の実態を知るという宮島の目的はある程度は達したと言うべきだろう。

鉱山労働は江戸時代から過酷で、なかなかなり手はない。その分高い報酬を約束する。彼らはそれでも労働条件改善を要求した。危険な職場にいるのだから当然だ。宮島は実際に現場を見せてもらい実感した。会社は彼らの声に耳を傾けていない現実である。そういう一升瓶持参の日が数か月続いた。親しくはなったが、不穏の気配は消えない。ますますその気配が強くなっている。

ある日、親しくなった鉱夫の小屋に寄ると、周りがいなくなったのを見計らって寄って来た。

「宮島君」

「どうしました」

「今日は来てもらったがもう帰れや」

宮島も声を潜める。

「どういう事ですか」

「暴発するからここにいない方が良い」

宮島はその鉱夫に感謝して山を下り、新居浜に帰って上司に報告した。上司は笑って取り合わない。

憤懣《ふんまん》を押さえながら帰って来て、合宿所にいた五十人ほどを呼び集め、「暴動が起きる」と説いて、いざという時の覚悟をさせた。

「別子の山が焼けている！」

暴動が起こり火つけがなされ、山が燃えていた。夜中だったが、すぐさま中央事務所に行った。各事務所に無抵抗の撤退を進言した。そのように取り計らわれ、事務所から職員が逃げてきた。

いつのまにか、新人の宮島がすべてを仕切り始めた。宮島は中央事務所の撤退は言わず、中央事務所は死守すると言い、守りの人数を手配したりした。バリケードを築き、日本刀を配った。抜刀して対抗すると叫ぶ。宮島の気迫に押され、皆その命令に従った。

翌日になって記者が押しかけてきたが、その対応もすべて宮島が仕切った。その内、本社から総責任者がやって来た。鈴木馬左也という総理事で、事情聴取に来たのである。その出迎えから事情説明、道案内まで一切を宮島が行った。四日間、ずっと宮島は鈴木総理事と寝食を共にした。

「君が事情に詳しい経緯はわかった。時に君は別子にある事務所の無抵抗撤退を献策したそうだな」

「はい」

「しかるに中央事務所の放棄は言わず、抜刀して抵抗するべきと言った」

「はい、申しました」

「なぜかね」

「別子の事務所は少人数で抵抗しても効果はなく、怪我をするだけです。しかし中央の事務所は百人近く人数がいて、若い連中も五十人います。十分に抵抗できます」

「社員が怪我をするとは思わなかったのか」

「自分の事務所が焼き討ちに遭おうとしている時、抵抗もせず逃げるのですか」

「暴徒といっても鉱夫は社員であり、それを傷つけるのもどうなのだ」

「申し訳ありませんが、総理事の仰っている事がわかりません」

「鉱夫も傷つけないという配慮がないのはどうしたわけかと言っている」

「その配慮があるのなら、どうして彼らの不満や改善要求に耳を傾けなかったのですか。火が収まってから、綺麗事を言うのが偉い人なのでしょうか」

鈴木は相当むっとしたようだが、怒らなかった。むしろ見どころがある男だと思ったのか、次の異動で宮島の希望する中国の支店への転勤を部下に内示したという。

このまま推移すれば、住友銀行のエリートとして、当時の花形である中国の支店への転勤が決まっていたろうが、世の中そううまく行かなかった。

義父が経営する紡績会社で資金繰りに奮闘

宮島はこの時、結婚していた。新婦は盛子といい、父親は三野村利左衛門の一族で紡績業を営んでいた。宮島は次男であったから養子に入り、この時から義父の姓、宮島を名乗ると同時に、義父の経営する会社・東京紡績に入社した。すぐに専務になり、事実上の経営を任された。

東京紡績は赤字に苦しんでいた。紡績業は市況の動向に大きく左右される。日露戦争の勝利で好況に転じた業界は、一気に設備投資を倍増した。東京紡績も同様で、三倍増資により資本金を四百八十万円として五万三千余坪の敷地を購入し、旧施設も増大させた。

そうしているうちに、反動が来た。宮島はそういう苦しい会社へ入るのかと周りからいぶかられた。宮島は住友が嫌だったわけでなく、むしろ前途を約束されていたので、義父のみならず盛子への恩愛がそれに優ったという事だった。

義父は銀行へ日参して、日々の資金繰りの帳尻を合わせようと必死で、宮島に懇願する。彼は多少の資産はあったが、不況のあおりですべては銀行の担保に入っていた。盛子は父が苦境に追い込まれているのは何となくわかるらしく、宮島をすがるように見る。宮島は八歳若い新妻に頼られて悪い気はしない。ついに新しい世界に入ることに決めた。

工場に入っても、土地勘がないからさっぱりわからない。宮島は機械の事を職人に質問したりするが、基礎がないからわかったような、わからないような気がした。

これではだめだと一念発起して、近くの図書館に通い始め、原書で工学の基礎から勉強し始めた。質問があると、わざわざ大学の先生の時間をもらって会いに行く。それが高じて工業学校の校外生となり機械学のイロハから勉強した。工場の機械が、具合が悪くなると技術者の横について見るだけでなく質問し、自分も入って修理しようした。社長さんの義理の息子は変わっているという評判が立った。

彼は、後に『身を落とす』と言った。社長だ、専務だと言って回転いすに座り、冷房の効いた部屋にいては何もわからない。職工と共に工場に入り、汗まみれになって彼らと共に働かなければ経営など出来ないと言った。銅山にいた時も、暇を見つけて銅山に入ってツルハシを振るったりした。泥まみれになって運搬車（トロッコ）を押した。

原料である綿花の研究も盛んにやった。米国綿花、インド綿花、シナ綿花、それぞれが違う。水分を一割二分までは良いが、それ以上は水気引きをするという連合会の申し合わせ事項を見つけ、その様に値段を下げさせた。書物と格闘し顕微鏡を見ながら研究する。それでもわからなければ、三井物産の扱わない綿花は三井物産の玄人に批判させ、三井物産が扱う綿花の時にはニチメンの玄人に聞いて三井物産の綿花を批判した。そうしているうちに綿花の玄人になっていた。後に日清紡の後継者となった桜田武を港に連れて行き、梱包されている綿花を口に含んで波を吸ったかどうかを確認し、吸っていればその分安くさせたという。

労務問題では別段のことは起きなかった。紡績業の労働者は炭鉱夫と違っておとなしく、あまりの違いに驚いたくらいだった。宮島は出来るだけ彼らに近付き、悩みや苦しみを知ろうとはした。しかし、一方で方針を決めれば全く譲らない峻厳さも見せた。従来の親方制度を廃止して個人請負制度に変えた。既得権を奪われた親方が反抗し、不穏な情勢になったが、一歩も引かなかった。

命の危険が迫ったことがあった。親方請負を廃止しただけでなく、工場の閉鎖もありうるという噂が立ったことがある。親父の意向を笠に着て、義理の息子が平安を乱していると言うのである。ストライキが起こった。あんな若造は畳んでしまえという強硬派が二人いた。工場の中で二人が暴れていると自宅に電話が掛かって来た。既に夜である。

「警察に電話したか」

「相手にしてくれません」

「よし」

そう言って仕込み杖を持って出かけた。出かけようとしたら盛子がやって来た。仕込み杖を見て驚いた。

「清次郎さん」

「なあに。護身用だ。使いはしないさ。盛子は寝ていなさい」

そう言って会社へ行くと、入り口付近で騒いでいる。宮島は鯉口を切った。

「貴様達は何を騒いでいるか。用があるなら中へ入れ！」

そう怒鳴って工場の中へ入った。主要な人間を集め説得した。宮島の気迫に押されて、騒ぎはすぐに収まった。暴れていた二人は心服し、一人は『股肱《ここう》』になった。

宮島は、午前中は事務所にいて午後は工場の中で過ごす。そして仕事を終えると、新妻の盛子のいる家にまっすぐ帰った。盛子はこの頃まだ元気で、宮島が帰ると、全身で喜悦を表して玄関に出てきた。それが一日の疲れを吹き飛ばした。お手伝いもいたが、盛子はすべての世話を自分がやった。日本料理を専門家に習って次々と出してくる。本格的な料亭の薄味で、味をもっと濃くしろと宮島は本音を言えなかった。

この頃、執事の望月は雇われていなかったが、ビフテキ、ハヤシライス、チキンカツの三つで良いと後に言われたという。就任した望月が見たのは、深く信頼し愛し合った若い夫婦だった。盛子は囲碁も研究し、宮島とさして時々勝った。

「私の勝ちね」と言って、ころころと笑う盛子の声が良く聞こえたという。宮島は相当の癇癪《かんしゃく》もちで、怒ると手に持ったステッキを叩き折るほどの熱血漢だったが、盛子の前では別人の観があって盛子も宮島に終生感謝の念を持っていた。

その義父が死んで、その後継者も早世して宮島が社長になった。工場のすべての責任が宮島の肩にかかってきた。明治四十四年(一九一一年)、宮島が社長になった年、綿花が大暴落した。その時会社の資本金が四百八十万円、実損二百万円、これに綿花の大暴落である。下手をすれば倒産する。実情が知れ渡るだけで会社は持たなくなる。綿花は十二セントが損益分岐点で、どう下がっても十一セントだろうと業界は思っていた。それが十セントを割った。損を確定させれば倒産だから、難平《なんぴん》買いをして買値の平均値を下げて持ちこたえるしかないが、買うための資金がなかった。

現場からは「買わせてくれ」と悲鳴のような声が上がっていた。宮島は銀行へ行って懇願するしかない。住友銀行の東京の支店に話に行くと、百万の金の話は支店では決済できないから本店へ行けと言われる。宮島は住友銀行の大阪本店へ出向いた。出てきたのが、別子で一緒に働いた上司である。彼は宮島の活躍を覚えていて、やあやあとなったのは良かったが、話を聞いて深刻な顔になった。

「宮島、百万円と簡単に言うが担保はあるんだろうな」

「ありません」

「無担保で百万円貸せと言うわけか」

「はい」

「お前の義父の個人資産も、全部抵当に取られているのだろうな」

「はい」

「乱暴すぎるな。それじゃあどうにもならんぞ」

「私の命を担保にします」

資金繰りがつかなければ死ぬしかない。義父や盛子の願いは叶わないが、仕方がない。

元の上司はしばらく考えていた。宮島の態度から言って追加融資の話を蹴飛ばせば彼は死ぬだろうし、損が確定し、銀行も火の粉をかぶる。この男が信頼できるのは別子で見ている。山が燃えている動乱の最中にてきぱきと指示を出し、新居浜の本社を守るために命を張った。

「わかった。追加融資に応じよう。ただし条件がある」

「何でしょうか」

「事が終わって会社の業績が戻ったら、住友に戻って来い。お前が行きたがっていた上海支店長席を用意しよう。それが条件だ。受けられるか」

「受けましょう」

そう言って百万で難平買いをして、じっと値上がりを待った。市況が反転して会社の実損をすべて解消させ、株価も上昇させた。一つの危機を乗り切ったのである。

日清紡社長に転身、労働争議に体を張る

何年かして尼崎紡績との合併話が起きた。尼崎紡績に買収される話と言った方が正確か

もしれない。宮島は倒産寸前の東京紡績を立て直し、実損も消して株価も元へ戻していた。元々、シナへ行くつもりが、義父への義理で寄り道しただけだ。

住友銀行は上海支店長というポストまで用意して待ってくれている。義理のある義父も亡くなり、会社も立て直したから尼崎紡績の話は悪い話ではなかった。役員は買収される側だから辞任させられるが、宮島ははなから残る気もない。他の役員も慰労金が出るから悪い話ではない。社員は会社が大きくなって盤石になるから問題はない。

宮島は犬養毅を訪ねた。犬養は宮島を厚く信頼しており、どういう時でも優先して会ってくれた。宮島は買収の話を受けようと思うが、どう思うかと尋ねた。

「お前がシナへ行かず親父の後を継いだ時、会社は左前だったたな」

「はい」

「会社を引き継いだ時、自分なりに目標を立てたろう?」

「はい」

「その目標に対してどうなのだ?」

「八割くらいでしょうか」

「世の中、思うようにならないものだから八割なら良しとしなければなるまいよ。買収に応じて新しい道を探しなさい」

犬養は長い間の付き合いから、宮島が相談に来ても、たいていは決めていると思っている。最後の一押しをして欲しいだけだ。心配なのは、宮島は大きな組織に入って堪えながら仕事ができるかということだったが、そんな事を今言っても始まらない。別子の焼き討ちの話や、ストライキに対して仕込み杖の鯉口を切った話などを聞くにつけ、住友の上海支配人が務まるだろうかと思った。

「ありがとうございます。決心がつきました」

そうさわやかに応えたものの、気になるのは蒲柳《ほりゅう》の質の盛子が上海行きに耐えられるかということだった。

宮島が浪人になってシナに行こうとしていた時、思わぬ所から社長要請の話が来た。日清紡績だという。日清紡績は明治四十年(一九〇七年)に創立された資本金一千万円の紡績会社の雄の一つだったが、赤字体質が抜けず、無配転落して株主を腐らせていた。

根津もその一人で、同じく大株主の岩崎清七と共に、社長を若返らせて会社を活性化しようと考えていた。岩崎清七は盤城セメント(後の住友大阪セメント)を起こして後、大阪ガス社長等を歴任した。片山潜と親友だったから、その縁で宮島を知った。

「社長なら宮島という男しかいないぞ」

岩崎は東京紡績を建て直し、尼崎紡績に買収を決意させたほどの宮島の手腕を知っていた。あの男なら万年赤字、無配の日清紡を立て直してくれるかもしれない。宮島の事を根津に言うと根津も乗って来た。

根津は当初、若い男に経営能力があると言われても半信半疑だったが、岩崎が言うのでそういう事もあるかと納得した。岩崎は宮島が誇り高いので、尋常な方法では紡績業には復帰しないだろうと踏み日参して説いた。立志伝の男がひたすら頭を下げたかと思うと、泣き落としを使った。さらには脅しすかして説得した。最初は歯牙にもかけなかった宮島だが、岩崎の熱誠についに動かされた。

「わかりました。行きます」

「おお」

「行く以上任せてもらえるのですね」

「無論のことだ」

「もう一人の大株主は根津さんでしたよね」

「ああ」

「根津さんも静かにしてくれるんですよね」

「静かにさせるよ」

ということで日清紡に行ったは良いが、宮島が来るのは会社を整理するためだとか、宮島は旧東京紡績の人間を連れてくるから、いずれ日清紡績の大半は追い出されるとか、不穏極まりない雰囲気になっていた。日清紡績の本社に着くと大勢が集まって「宮島帰れ」の看板を持ち、スクラムを組んで気勢を上げていた。百人は超えている。宮島は恐れることなくその群集に近寄り「話があるなら、事務所で聞こう！」と大声で言いそのまま事務所に入って行った。

先鋭な者は工場の窓ガラスを石で割ったりし、宮島が辞めるまでこの運動を続けると大声で叫んだ。この時、宮島は仕込み杖を持っておらず、鯉口を切ることも出来ないでいたが、一瞬の油断が暴力へつながる事は場数を踏んできたのでわかっていた。

「代表者十人を出せ！　私が交渉の相手になる！」

十人の代表者が会議室に入って来た。宮島は一人である。宮島は十人の名前と役職を聞いたが、その首謀者の中に工場長がいた。事務長も守衛長も医療長までいた。工場の実務畑すべてと言ってよかった。この十人は連判状を持っていて、宮島を追い出すまで後ろへ引かないと決めていると言った。宮島は丹田に力を込めて彼らを説得した。自分が来たのは日清紡績を潰すためでも整理するためでもない。これを立て直し再び業界の雄とするためであると。

「どうやってそれを証明する?」

「人員整理をしないと約束できるのか」と声が飛んだ。

「それはわからん」

「それじゃあ結局人員整理をするんじゃないか!」

今度は怒号となって跳ね返って来た。

「私に半年時間をくれないか。半年くれたらこの会社の処方箋を書こう。それで人員整理しかないと結論付けたら、君達は私の排撃運動をしたらいい。いや、それしかないと言うのなら、君たちが運動するまでもない。私が自発的に辞めるよ」

「半年は大幅な人員整理、解雇はしないと言うか」

「しないな。私は根本的な問題を探ろうとしている。それを見つければその原因を除去する。そういうことだ」

「半年経って、根本的な原因が過剰人員とわかった時はどうするか」

「私がこの会社に入ってから、まだ二時間も経っていない。だからそういう結論になるかどうかはわからない。しかし過剰人員だけで今日の赤字、無配が成り立っているのなら大株主は簡単だな。宮島に替えて首切り役人を連れて来るだけでよい。まあそんなことにはならないと思うがね。しかし人を全く減らさないとはここでは言わないよ。これから半年、私に十分な調査と活動をさせてほしい」

半年人員整理をしないと宣言したので満足したのか、宮島は他の役員と違うと思ったのか、彼らはおとなしくなった。宮島は連判状を書いて結束した十人を、次々と幹部に抜擢した。役員に抜擢する者も三名出た。旗幟《きし》を鮮明にしてくれる人材の方が使いやすいと思ったのである。彼らは腰を抜かさんばかりに驚いた。連判状を書いて宮島阻止運動をしたら役員にまで抜擢されたのである。そして宮島の謦咳《けいがい》に触れるにつれて、この人は稀有《けう》の人だと尊敬するようになった。

経営改革を実行、グローバル企業に道筋

宮島はこの時三十六歳。資本金一千万円の社長にしては、異例に若かった。彼は詰襟の

学生服のような服を着て、すべての会議や接客に臨んだ。宮中の晩餐会にも平服と書いてあるのでそれで出た。朝は事務所に詰めて昼から工場に行き、夕方遅くまでいて家に帰った。昼は社内食堂で社員に混じって食べた。食べながら考える。この食堂には業者が入っているのだが、こういう所には付け届けがあって、それが結局高いものにつくことを知っていた。食堂が会社によって経営されているから食費も大きな経費だ。

調べてみると、米屋の請求通り払っている。しかも、抜かれまくっている。米は一人頭五合と決めて米屋と交渉させて、それ以上はカットした。赤飯を炊いてお祝いすることがあったが、それは外注している。自前で作れというと作れないという。宮島は自ら厨房に行き自分で作って見せた。とにかく工場の中を歩き回って次々指示を出していった。昼の時間になるとボイラーがなる。あれは何だと聞くと、昼休みの合図だという。

「あれをやめさせろ。石炭の無駄使いだ」

宮島は節約家だが、鉛筆の芯が割れたので、用度課に行き替えさせた。すると紙で補強した鉛筆を持って来た。新しい物に変えてくれなかったのだ。

「この人間を呼べ」

この用度掛かりがやって来た。川瀬という男だった。

「君がこの張り付けた鉛筆を手配したのか」

「はい。使えますでしょうか」

「無論の事だ。重宝しているよ」

「それはよかったです」

「時に君は社内で恐れられて将軍と呼ばれ、社外からは嫌われているようだな。社外から君の悪口をたくさん聞いた」

「はい」

川瀬は首になる事を覚悟した。

「商人に評判の良い男は付け届けを受け取っている男で、ろくな男ではない。君は職務に忠実だ」

「はい」

「君の目から見て、最も悪質な業者は誰だ」

ある程度の予測は立てていた。むしろ悪弊はたった一つと言って良い。これにメスが入れば、毎日の細かい経費削減がなくても、やって行けるような気がする。

「申し上げてもよろしいでしょうか」

「ああ、構わない。君が言わずとも、相手は私に君の悪口を散々言っているかもしれないよ」

「日比谷商店系の業者です」

予想通りと思ったが、それは言わず「どんな悪さをする」と聞いた。

「落綿（工場で出る屑の綿）を千貫受け取る時にこの連中は千二百貫持って行きます。さらに秤に足を乗せたり、測らずに逃げるのも日常茶飯事で、私は何度も衝突しました。ある時、荷作り用の革ひもを三百貫納めに来ましたが、契約と違う品物なので百貫だけを収めて後を返しました。あの業者にどれくらい会社が損をさせられているかわからない程です。鉛筆一本を節約して、かき集めた利益を彼らが持って行くのです」

日比谷商店は大株主で、仕入れも販売も彼らに牛耳られている。仕入れを多角化するだけで、あっと言う間に利益が上がるようになるはずだ。わかっていても時期尚早と思って我慢してきた。

「君が仕入れた革ひもは倉庫にあるのか」

「はい」

「案内してくれ」

その道すがら、宮島はもっと提案はないかと言った。

「あります。落綿と同じように工場には様々なものが落ちます。くぎもねじも木管も鉄くずもあります。これを拾い集めて、業者に売れば利益を出せます」

「よし。すぐにやれ。組織的にやれ」

ある時、工場の中を歩いている職人が綿を掴みだして靴を拭いている。あれは何をやっているると聞くと、靴が汚れるので綿で拭いているという。原料の綿ではないか。宮島は側の者に言ってすぐにやめさせた。それやこれやで工場や事務所で見回すたびに細かい改善をした。しかし、人が多すぎるのも事実で、わずかずつながら人員を整理していった。損失が多い原因は次の三つである事がわかってきた。
①余剰人員、②金融の道筋がないことから担保用に必要のない倉庫を借りて倉庫料を払って運賃も払っている、③綿の使用量が多い割には生産量が少ない。
例えばボイラーである。なぜ効率が悪いかを研究すると、近くからくみ上げる水に泥が混じっていて、それがボイラーの効率を悪くすることがわかって来た。こういう事を一つずつ改善した。伊藤忠やニチメンの助けを借り、金融問題にもメスを入れた。日比谷商店の食い物になっていた日清紡績は徐々に改善し始めた。

宮島が行ってから半年、最初の業務報告においてコストが半減し、利益が上がるようになったと説明された。大株主の大半は鼻で笑って、宮島は工場の連中に騙されていると言った。岩下と根津だけは違った反応を見せ、詳しく質問をした。宮島は細かく説明したが、一つひとつは小さなことであった。それが重なると黒字になるというのか。根津は宮島が魔法使いのように見えた。詰襟の服を着て丸刈りで、とても会社の役員には見えない。株主総会で彼が説明しようとすると、怒った株主が立ちあがり「ここでは工員が状況報告をするのか。社長を出せ」と叫んだという。

「だから社長の私が説明しようとしている」と宮島が怒鳴り返したという。

翌月も翌々月も黒字であった。ついにすべての大株主が納得した。もっとも営業黒字であって、在庫で抱えた不良債権は残っているから、その評価をしなければならず、それを厳密にやると会社がつぶれるので、初年度は六十万円の損を出した。根津は安心していた。宮島は別格の男だったのである。

日清紡績は着実に発展し、名古屋にも進出し、青島にも支店を作って、当時のグローバル企業になって行った。そうなっても宮島の生活は少しも変わらなかった。詰襟の服を着て工場の中を見回る毎日だった。宮島は規則にうるさく違反する者は厳しく処分した。特に遅刻にはうるさかった。後に日銀の政策委員になった時、時間前には必ず来ていた。ある時、日銀総裁の一万田尚登《いちまだひさと》が時間通り来なかった。宮島は怒り出し、席を立とうとして周りが大騒ぎになった。遅刻は社員であろうと日銀総裁であろうと許さないのである。

社業の事は少し置いて、家庭の話をしよう。

宮島の家庭生活は淡々としていた。盛子は病気がちで寝込んでいる日が多かったが、元気な時は宮島を玄関まで出迎える。宮島の顔を見ると安心するのか、新婚の時と同じように笑みを漏らした。

「今日は元気なのか」

「はい」

そう言って宮島のカバンを持った。二人の間には子供がいない。宮島は盛子を可愛がっていて宴会にもめったに出ないし、義理で出た宴会は早めに終えて帰って来る。盛子は体調の良い時は本格的な和風の料理を作るが、新婚の時もっと濃い味にしろと言えなかったために、今でも盛子の味は変わらない。

宮島は犬養の助けを借りて政友会に入会し、衆議院議員に立候補したが敗れた。政治家には向いていないと実感したが、それ以降は立候補しなかった。と言うのは社業が順調な時に震撼させるような事が起こったからである。

昭和七年（一九三二年）五月十五日、犬養毅は海軍の武装集団によって射殺された。宮島は驚き嘆き悲しんだ。初めて会ってから三十年以上が経っていた。犬養は心の師であり親であった。用事を設けては彼の所に会いに行った。どんなに周りに人が溢れていても会ってくれた。

犬養も宮島と会いたがっていた。演説の名手で、寸鉄人を刺すような舌鋒で、聴衆を痺れさせた。統帥権干犯問題も巧みに対応し、処理していたから、軍の過激な連中から狙われる筋合いは無かったのだが。

（こんなことがまかり通るなら、まともな議論などできなくなる）

宮島は厭世感に捉われた。生きていくのが嫌になった。成功するたびに、走るようにして犬養の下へ行くと「ああやりよったな。さすが宮島だな」と言ってくれた。そういう人がいなくなった。

さらにその四年後、昭和十一年（一九三六年）二月二十六日、今度は陸軍が高橋是清以下を惨殺した。海軍とは規模も違って組織的な反乱だった。「二・二六事件」である。

（国家を破滅させる気か）

その頃から、米英と戦うのだという好戦的な議論が沸き起こった。軍が後ろで動いていると感じた宮島は、体を張って止めなければと本気で思った。

日本鋼管を作った白石元治郎は鉄鋼生産の日米比較グラフを作って軍に行き、これで戦えると思うかと軍に言った。兵站がない所に勝利はないと、くどいほど戦争反対を訴えたが、最後は面会謝絶になった。宮島は白石と共に何度も軍に面会を求め、戦争になれば悲惨な事になると訴えた。昭和十三年（一九三八年）には選ばれて国策パルプ工業の社長を兼任している。その宮島が軍に日参して戦争を止めろと訴えるのだ。最後は白石と同じように出入り禁止になった。これ以上やれば殺されるか、投獄される事になる。

戦争は完璧なまでの敗戦で終わった。日本人を三百万人以上死なせた。戦争を止められなかった自責の念が、宮島の胸中に渦巻いた。その自責の念は生涯続いた。それからわずかして盛子が死んだ。宮島には何もなくなった。以前から名利にはこだわらない男だったが、益々その感を深くした。宮島と盛子は信頼のきずなで結ばれていた。宮島は病弱な盛子をいたわり、盛子も宮島を心から愛した。

（家に帰る楽しみもなくなった）

執事であった望月は盛子の棺の前で嘆き悲しむ宮島を見ている。宮島は「可哀そうに、可哀そうに」とつぶやいていた。

孤愁と言うにふさわしかった。

第四章

戦後へ

陣頭指揮をとって新時代に対応

中《あたる》が戦後、第一番にやった事は会社の名称変更に象徴される新時代への対応だった。徴兵制度という会社の基盤がすでに失われていた。しかし、三百万人に上る契約者は存在している。

まず図らなければならないのは契約者の擁護であった。そのためには、会社の骨格を変えなければならない。それまで徴兵保険の入営率超過によって、富国徴兵保険の支払い実損額は二千六百九十六万円。空襲によって四営業部、二十九支社を喪い、更に在外資産二億三千百七十万を没収され、保有外地契約高が二十三万四百二十六件、四億八千七百七十万に上っていた。事は急を要した。会社の再建をして契約者を安心させるだけでなく、社員が行くべき方向を力強く指し示さなければならなかった。

（これは社長しかできない。しかも陣頭指揮しかない）

中《あたる》は珍しく社員の前に出る事を決めた。終戦から間もない昭和二十年九月二十五日に営業部長会議を招集して、日本再建に立ち向かう覚悟を披露し、全出席者に冷厳な現実に対処する決意をもって勇往邁進する事を求めた。生命保険として発足するにあたって会社の経営方針、営業部長としての心構え、従来からあった徴兵保険の処理方針を明示した。全社員に生命保険会社への転換の決意と抱負を示した。

会議は二十七日まで続いた。戦時中は国が運営主体となり、保険会社が任意に受託販売する興亜生命保険というものがあり、又富国徴兵保険独自の商品もあった。これらを新契約にどう引き継いでいくのかという各論が多くあった。

中《あたる》は三日間の部長会議にずっといた。この頃、内勤だけで五百名近くいた記録があるから、部長会議もかなりの人数であったと思われる。

実際、徴兵がなくなった今、富国徴兵保険の名前ではどうにもならないのだった。中《あたる》は社名を変更し、独自の商品を打ち出す事を決めた。その事が幸いしたのか、昭和二十二年ごろから資産が増え始めている。戦後の復興機運が盛り上がり、生命保険への需要が復活し始めたのだ。中《あたる》は佐竹次郎をナンバー二に指名して二人三脚で経営を始めた。

昭和二十一年二月（一九四六年二月）、突然、五島慶太がやって来た。五島は戦争協力者とみなされ、追放の憂き目にあっていた。自分が育てた東急電鉄から切り離され、その後の事業を任せうる人材もいなかった。社内では赤旗が乱舞し、元からあった東急各社分離論もあり、経営は身動きの取れない状態だった。組合がGHQ（連合国軍総司令部）の後押しもあって強硬化する。組合員に囲まれても動じない胆力がある経営者は、社内には見当たらなかった。

後に経団連の会長になり、中《あたる》と親交を結ぶ石坂泰三は、この時期東芝に行って大労働争議を乗り切り東芝を再建した。乗り切るというのは具体的には、赤旗が乱舞し怒号が飛び交う中に入って、胆力だけで一歩も引かないことを意味する。宮島清次郎も新入社員の時、別子銅山で怒り狂う現地の作業者と対峙し、これを鎮めた。さらに日清紡でも宮島入社反対を叫ぶ組合員に一歩も引かなかった。それだけでなく、反対した急先鋒の組合員は宮島の薫陶を受け、力強い味方になった。

難局乗り切りへ、請われて東急電鉄社長に

五島は自分の周りを見回してそういう人材がいないことを嘆いたが、ふと中《あたる》の事を思い出した。中《あたる》が飛び切り聡明で胆力が備わっているのは、あの恐ろしい根津の信頼を得てい

ることからもわかった。

しかも聞けば、帝人事件では六ヵ月牢屋で耐えたという。本当に信頼でき、自分に股肱《ここう》で仕えてくれるかどうかはわからない。一旦社長になれば、自分の言う事を聞かなくなるのではと懸念はしたが、組合に牛耳られて挙句の果てに分割されては、今までの苦労が水の泡になる。

（今はこれしかない）

そう観念し、中《あたる》の下へやって来た。二人は富国生命の応接室で会った。大戦をはさんで五年ぶりの再会だった。

財閥系はどこもかしこも受難の時だった。旧経営陣が追放され、すっきりしたとも言える一方、今後ＧＨＱがどう出て来るかわからないので戦々恐々としていた。持ち株会社整理委員会というのがあって、後にホテルオークラの社長になる野田岩次郎が委員長になって、過激なＧＨＱの政策を押しとどめていたが、ＧＨＱの事務局の多くが根は社会主義者だから暴走する。小林一三も解体の対象とされたが、阪急電車と宝塚劇場しかない阪急を解体するのかと野田が叫んだために、解体を免れたという。ＧＨＱの担当者が宝塚劇場の実際を聞いて笑い出し、免れたというのだ。

「ご存じの通り、僕は身動きが取れない」

「はい」

「組合はどんどん過激になって、経営権も組合の同意なしでは動かすなと言っているらしい」

根津が生きていれば同じことを言って嘆いていたと思う。

「経営権も問題だが、もう一つ深刻なのは組合の総意ということで、東急の各社を独立させようと画策する輩がいることだ。たまたま形式上分かれてはいても、根っこは東急じゃないか。つまり僕が作ったんだよ」

「はい」

この人はわざわざ愚痴を言いに来たのか。粘りつくような視線は相変わらずで、人を信じる気は無さそうな気がする。統合交渉をやっている時も気づいていたが、五島は根津とは全く異質な人だと思った。根津も猜疑心は深かったし、人を容易に信じようとはしなかったが、情には極めてもろかった。怒ると物は投げるし椅子も振り上げられたが、笑ってしまえば忘れる人だった。五島はそうはいかない。

「それで五島さん。今日来られたご用向きは」

「今、それを説明していたんだが」

「わかりません。具体的に言ってください」

「君なあ。東急電鉄の社長になって今の混乱を鎮めてくれんかね。いや、ずっとやってくれとは言わない。君も富国生命の社長でもあるし、生命保険協会の会長の話もあるそうじゃないか。組合を鎮め、東急が会社として目途が立つまでで良い。何とかやってくれんか」

会社が沈静化して元に戻ったら辞めてもらうと言っているようなものだ。組合の怒号の交渉を鎮めるためだけにやらせるといっているわけだ。君に東急を任せるから、いつまでもやってくれとは死んでも言えないのだろう。言い方は気に入らなかったが、切羽詰まっているのは表情からわかった。統合交渉では気を持たせて空手で返した申しわけなさもあった。しかし火中に栗を拾うようなものだ。

「他の役員で候補者はいないのですか。僕は部外者であるわけだし」

「去年できた組合が過激でね。反動幹部追放、賃金引上げを掲げて役員をつるし上げ、役員全員の辞表を取っている。彼らは動けない」

「うーん」

「この難局を乗り切れる胆力があるのは君しかいないんだ。このままでは組合に会社を乗っ取られてしまう。何とか引き受けてくれ」

根津も人に頭を下げない人だったが、五島もそういう人なのだろう。その人が頭を下げている。やってやろうと思った。

「わかりました。引き受けましょう。富国生命を午前中、午後から東急電鉄でどうですか」

「わかった。それでいい。よろしく頼む」

労働組合と対峙、圧力を受けても一歩も引かず

そういう経緯で東急電鉄に乗りこんだ。役員を招集して事情を聞いた。こういう時、役員の中から部外者排撃運動が起きるものだが、彼らはそれどころではなかった。皆一様にほっとして、この人の後ろにつけばよいと思っている。弾除けが来てくれたと喜んでいるというのが正しいか。それは組合と話し合ってわかった。広い会議室で交渉するのだが、代表の組合員が十数名赤い鉢巻をして座っていた。その部屋の外に二百人ほどが群がって

いた。突撃隊という腕章をつけていて、部屋に入るまでに小突かれそうな勢いだった。怒号とシュプレヒコールに囲まれた。

（役員が怖がって辞表を出すはずだ）、そう思った。交渉云々よりも肉体的な恐怖が先に立って、その場から逃げるためにどういう妥協もする気になるだろう。

「団交はね。胆力の勝負なんだ。経営者に胆力があれば乗り切れるが、怖がればそれでおしまいだ。こいつらの中に自分の将来の股肱《ここう》がいると信じて腹をくくれば勝ち。そうで無ければ負けだね」

根津に紹介されて親しくなった頃、宮島が言っていた。

人波に揉まれるように会議室に入った。中《あたる》は一人だった。警護をつけた方が良いと勧められたが、断ったのである。警護をつけると却って相手を刺激して危ない。数十人に囲まれて警護をつけても何の役にも立たない。怖がっていると相手が思えば、交渉では負けてしまう。そう思ったのだ。

部屋の中と外に二百人ほどの組合員がいて野次と怒号が渦巻いている。五島慶太と書いた位牌を持っている者もいた。代表のような人間が立ち上がって中《あたる》を見ながら言った。

「あなたはこの会社に来たばかりだが、これまでの経緯は役員連中から聞いているか」

「聞いている」

「それでは個別の事案について尋ねたいがどうか」

「どうぞ」

「既に多くの役員達から賛成頂いているが、人事権は組合に属するという条項についてはどうか」

「役員の誰が賛成したかは知らないが、そんな事は論外である。人事権を放棄するのは会社の経営を放棄するのと同じである」

座っている一人の男が突然立ち上がり、中《あたる》の近くまで寄って来た。

「お前は〜」と独特のリズムで大声を出す。抑揚が今まで聞いたことのないものだ。

「我々労働者の〜」

「権利を〜」

「認めないと〜」

ややこしくなってきた。左系の運動家なのか、下っ端なのかはわからない。中《あたる》の顔に当たりそうになるまで自分の顔を近付けて唾を飛ばした。こいつは兵隊だなと中《あたる》は思った。本当の組織の上部はもっと賢い。その男は組合の指導者が合図するとさっと席についた。

「次の項目に移る。賃上げと褒賞についてどうか」

「会社が大赤字の時に賃上げは出来ない。褒賞も同じである」

悉く各項目をばっさりやるので、部屋を埋めている組合員が殺気立って来た。一つか二つ妥協して息を抜いたほうがいいと思うのだが、要求が無理過ぎてとてもではないが妥協できない。

「こんな奴と交渉しても仕方がないんじゃないか」

「痛めつけた方が良いんじゃないか」

「お前に承諾を得る必要はないんだ。お前は印鑑を押せばいいんだ」

怒号と野次と床を踏み鳴らす音。中《あたる》は平然としていた。帝人事件で手錠をかけられ、むき出しのトイレで生活させられた。机をバンバン叩かれ立たされ、耳元で喚《わめ》かれた。それに比べれば何ということはない。殺す気は無いようだから、向こうは脅してこちらをすくませようとしているだけだ。馬鹿でない限り、自分の要求が通らないことはわかっているはずだ。

そう思っていると、突然椅子が持ち上げられた。四人がかりで担ぎ上げられ降りられないまま、椅子が部屋の中から出て外に向かった。わっしょい、わっしょいと言いながら、椅子がビルの中をぬって外に出た。運動場のような所に組合員が千人以上集まっていた。怒号がうねるように降って来た。大旗、小旗の赤旗が乱舞する。プラカードが揺れている。賃上げ確保や、スト権確立など様々な要求が書いてある。

「あなたが要求を飲まないのなら、しかるべき日にストを打つ」

持ち上げられた椅子の下から威嚇的な声がした。私鉄の雄の東急がストで止まれば、多くの通勤通学者が迷惑する。彼らはその非難が組合と揉める経営者側に行くと思っている。必ず組合に妥協してくると。その日はそれで解放された。会社に帰って来ると、役員が集まって来た。

中《あたる》は全く妥協する気はない。組合の手の内はわかったから、ここは強気で押すしかないと思っている。こういう連中の中で、たちの悪い者は暴力に訴えたり、家族を脅迫したりするが、今日見る限り威圧的ではあるが粗暴ではない。中《あたる》は役員に取り巻かれたので立ったまま言った。

「彼らの切り札はストだ。やると言ってこちらの妥協を引き出すつもりだ」

「どうします。ストはまずいですよ。世論の袋叩きを受けます」

「しかし賃上げは出来ないだろう」

「率で戦ってはどうでしょうか。十%というのなら、こちらは三%とか」

「君は人事権も渡すのかね」

「この際ですから、仕方がないのではありませんか」

こんな怯えた連中ではだめだと中《あたる》は思った。『総入れ替えだな』とは思うが、役員を動かしている暇はないいし、数少ない味方を追い出す事も得策ではない。

「ストを打たせよう」

しゃべっている内に、それが最も賢い作戦だとわかって来た。打てば会社も損害を受ける、しかし組合幹部も安閑としていられなくなる。彼らは組合員に雇われている。無用の混乱を起こすだけで効果がなければ、組合員から非難を受けるし、ストで非難されるのは経営者だけではない。風向きによっては、火の粉は組合に行く。戦争に負けてインテリゲンチャ、知識人が突然増えて、ラジオで私鉄のストなどありえないと賢げなことを言うが中《あたる》は全く意にかけない。

(お前達は戦争中どこにいた)

そう言いたい。戦争で東京は焼け野原になった。日本人が三百万人以上死んだ。中《あたる》が聞いた話によれば、宮島は仲間と軍部に何度も行って戦争を止めろと訴えたという。鉄鋼生産の量が違いすぎる、勝てるはずがないとグラフを示して説いたという。さらに言えば石油については、自前で生産すらできない。国民に禍をもたらす事が自明だから、止めろと何度も抗議に行った。

宮島が戦後、なぜあれほど吉田茂にのめり込んだかといえば、自分はあの時、体を張れなかったからだという。自分の部下や同僚、仲間が次々死んでいった。何の面目があって生きているのかという強烈な自責の念で生きていた。これ以降、宮島はほとんど褒賞を受けず、栄誉を受けなくなった。そういう生きざまを見ている中《あたる》は新時代の知識人、大学教授などの輩を認めなかった。

（GHQに守られて綺麗ごとを言うか。ストを恐れるあまり組合に人事権を渡したら、企業はどうなる。結局、競争に後れを取って没落するだけではないか）

中《あたる》は団交に何度も呼ばれたが、どんな圧力を受けても一歩も引かなかった。中央労働委員会（中労委）の調停にも出たが、中《あたる》は突っぱねた。ついに昭和二十一年（一九四六年）年末、二十四時間ストが打たれた。

中《あたる》は平然としている。経営側も収入が絶たれるが、組合側も痛い。ストが切り札にならないからだ。組合の中には職業運動家――左翼革命を目指す連中もいるが、企業の利益があって賃上げや労働環境向上もあるという中庸な連中もいる。むしろこちらの方が多い。共産党や左翼系労働者は、翌年の二月一日にゼネラルストライキを計画していた。日本を混乱に陥れ社会不安を惹起《じゃっき》させるためである。

マッカーサーは左翼勢力に鷹揚だとみられていたが、急遽《きゅうきょ》命令を出しゼネラルストライキを中止させた。アメリカが誰の味方かをはっきりさせたのである。ゼネストを指導していた国鉄の伊井弥四郎・共闘委員長は逮捕され、懲役二年となった。この辺りが潮目になって左翼勢力が退潮し始めた。

午前中は富国生命、午後は東急電鉄

中《あたる》の組合対策は世の中の潮目と相まって成功し、話し合いで物事を穏便に決めていくという仕組みが出来上がった。役員達は落ち着きを取り戻し、中《あたる》の周りに結束し始めた。景気が次第に良くなって株式市場も再開され万事が上手く回り始めた。

中《あたる》は、午前中はゆっくり富国生命に出て、実務を取り仕切っている佐竹次郎と打ち合わせをする。富国生命の資産構成を国債一辺倒から株式重視に移していく必要があるため、これは自分で指揮を取った。証券会社が出入りしてくる。甲州財閥系で若尾、根津の頃から出入りしている山一の小池が贔屓《ひいき》だった。山一の初代は小池国三で、若尾逸平の秘書を長い間勤め証券会社を興し、若尾の紋所を屋号にしたという。今は留学帰りの小池厚之助が指揮を取っていた。中《あたる》は山一と大きな商いをした。

厚之助は英国留学帰りだけあって、欧米の株式市場に造詣が深かった。生命保険は大口の注文を出すし、固定手数料の時代だったから山一以外も群がって来る。その何社かの内で日興証券（現在のSMBC日興証券）の遠山元一という人間が出入りしてきた。遠山は日興証券の社長だけでなく、この時期に証券取引所の理事長となった。話が面白く山っ気があって豪快な男だった。年も中《あたる》と九歳違いで同年代とも言えるし、二人は息があった。出入りしている最初は大量の注文をくれる顧客だったから丁寧言葉だったが、やがてため口になっていた。中《あたる》が咎《とが》めなかったから、そのままになった。

「私はねえ、人に一杯騙された。煮え湯を飲まされた回数は一度や二度ではない。しかし自慢ではないが、人を騙した事はない。だから息子に言うんだ。この教えだけは受け継げと。人に騙されても人を騙すなと」

遠山は会社では部下を震え上がらせるような暴君だったが、一面思考が柔軟で素直な所があった。

「今度、東京へ出てきた証券会社の中で野村證券というのがある。ここの社長が奥村（綱雄）という者で、これが生意気を通りこしたような男で、歳もはるかに若いくせに証券取引所の理事長になろうとした。厚之助と組んで潰したが、そうは言っても中々の男なんだ。私は部下に言って動向を見張らせることにした」

昼になると、今度は切り替えて東急の本社へ行く。生命保険と電鉄会社だから、業界が全く違う。使う言葉も違う。細部にこだわっているとわからなくなる。任せる所は任せて要所、急所を抑えていかないとだめである。中《あたる》は次第に鉄道業の要諦が分かり始めた。元々、根津のかばん持ちで東武を始め全国の鉄道会社を回った経験もある。全くの素人ではない。

中《あたる》は東急の役員会議に出る。ほとんど物を言わないが、時々中《あたる》が差しはさむ質問が鋭くて、細かく役員会議の資料を読み込んでいなければ出来ない質問なので、周りはびっくりする。この人は判子を押すだけの人ではないと。しかし、ほとんど案件に異議をとなえないし、役員会議は予定通り流れるように進行した。組合との交渉だけは役員が何と言っても言うことを聞かなかったが、それ以外で大声を出したことがない。やがて想像以上に有能な経営者であるとの評判が立ち始めた。

順風満帆。二つの会社を滞りなく経営できるようになると、中《あたる》は自信を持ち始めた。考えてみれば根津は数十社の会社のオーナーだったが、支障なく経営していた。時々イライラして怒鳴りつけたりしたが、それだけだった。会社が多すぎるといって、悲鳴を上げることはなかった。

五島慶太の画策に辞任を決意

ある日、驚くような話が入って来た。中《あたる》が戦前にある財閥関連企業の社外取締役を務めていた事をGHQに訴えた者がいるというのである。それをもしGHQが認めれば、中《あたる》は東急の社長ではいられなくなる。

(馬鹿な。自分は一度もその会社に出た事もないぞ)と思った。伊藤忠の伊藤忠兵衛に頼まれて、大建産業の監査役になっていたことを咎められたのである。中《あたる》は来栖赳夫《くるすたけお》(片山内闇の蔵相）に頼んでＧＨＱと交渉してもらい、これを潰した。それはそれでよかったのだが、ＧＨＱに、この話をリークしたのが東急の社員で五島慶太の子飼いである事が分かった。

中《あたる》の不愉快は極まった。別に恩に着せるつもりはないが、体を張って組合と渡り合った。場合によっては命の危険もあったわけだ。それを乗り切ったら、譲った社長の椅子が惜しくなったと言うわけか。五島にしてみれば、日に日に評価が高くなる中《あたる》に対して、嫉妬を押さえきれなかったのだろう。英雄は古来、嫉妬深い。課長心得と言われて、「あなたは私を侮辱にするのか」と次官に言った男である。

しかし、労働争議は収まったのだから、代わってくれとは言えなかった。三顧の礼で頼みに行った経緯もある。しかし、このままでは確実に会社は中《あたる》の長期政権になり、自分の出番はなくなってしまう。五島は様々な画策をした。

五島が中《あたる》という男を本当にわかっていれば『申しわけないが代わってくれ』と話をすれば中《あたる》はすんなり同意したはずだ。五島は自分が粘着質な男だから、中《あたる》もそうだと見て足を引っ張る方を選んだ。

中《あたる》の出処進退の理想は宮島だった。宮島は地位に恋々としなかった。宮島は四十代と若い桜田武を後継者に抜擢し、自分は会長に退いたが、それもすぐに辞めてしまった。慌てた桜田が止めたが言うことを聞かなかった。仕方がないから退職金を決めて、その稟議書を持って行った。それには三百万円という破格の金額が書かれていた。鐘紡の武藤山治が退職した時の金額を参考にした。

武藤山治は、その金額を使って時事新報を買収し、帝人事件を引き起こした。その経緯は前述した通りで、中《あたる》の不幸も招いた事件である。

宮島はその三百万円の数字を見ていたが、斜線を入れ消してしまった。桜田は驚いた。

「どういうことですか」

「金には困っていない」

「そうは言いましても」

「会社に残しておきたまえ」

「宮島さん。あなたが取らなければ、私が引退する時取れないではないですか。私は退職金をもらいますよ」

「お前がもらう時、私はまだ生きている。お前がもらえるようにしてやる」

宮島と桜田武の関係について、もう少し書く。桜田武は東大を出たが、柔道ばかりをやっていたから、就職面接でほとんど落とされた。こんな成績で、よく受けに来たものだと言う面接官もいた。日清紡は桜田の就活の時は人気企業で数百倍の倍率だった。面接官は宮島で、社長自ら出てきたのである。宮島は頬骨がこけ、度のきつい眼鏡を掛けていた。時々、眼鏡越しに桜田の方を見た。

「酷い成績だな」

「はい。運動に夢中になりまして。勉強する時間がありませんでした」

「柔道をやっていたのか」

「はい」

「何段だ」

「四段です」

「ふーん。それにしても酷い成績だ」

あとは雑談で終始した。ああ、ここでも落ちたかと思っていたら、受かっていた。しかも受かった二人の内の一人だった。

それから、どこか見どころがあると思ったのか、宮島は時々教え諭すことがあった。桜田を工場の綿花置き場に連れて行き、綿花に手を突っ込んで掴み出し、「これがどこの綿花かわかるか」と言った。これを掴んだだけで、インド製の綿花と言えなければ経営など出来ないと言った。

「桜田、大切なのは技術だ。機械の修理など他人に任せておけというのは素人だ。玄人の経営者は機械の修理など自分で出来なければだめだ」

桜田を教育するために、あらゆることを教えた。桜田はこの人だけは別格だと尊敬し、常に規範のより所としていたが、さすがに真似が出来ないと思うことが多かった。

宮島に叙勲の話があった。桜田がそのことを宮島に言うと宮島は怒り出し、「桜田！」と怒鳴った。

「はい」

「今から役所に行って断って来い！」

「しかし、宮島さん」

「しかしも糞もない。戦争で何百万という人が死んだ。それを防げなかった人間が生き残って勲章など受けられるか。今すぐ行け！」

後年、宮島は桜田とも相談し、遺言状で受勲や贈位は一切受けないと書いた。

宮島と桜田の話はもっとあるが、とりあえずこれ位にしておこう。

中《あたる》も宮島に憧れていた。綺麗な出処進退を心掛けている中《あたる》の事を、五島は見誤ったのである。中《あたる》は五島に見切りをつけ、辞表を出した。中《あたる》はしばらく怒りが収まらなかった。

直言再び、大蔵大臣に正論をぶつける

東急電鉄の社長になったのと同じ頃、中《あたる》は生命保険協会会長に選ばれた。生保協会長が中堅の生保から選ばれたのは、後にも先にもこの時だけで、通常は大手生保の中から選ばれる。話が丸く収まるからである。しかしGHQの政策下で、先行きどうなるかわからないから、政治家に顔が利く小林が良かろうと言うことで、お鉢が回って来たのである。

そんな時、大蔵省が都銀を始め信託銀行や証券会社、生命保険など戦時国債の大口引き受け先を集めた。各業界の団体から連絡を受けた社長や頭取が集まって来た。中《あたる》も富国生命の社長で、生保協会長でもあったから、各社に連絡をして自身も参加した。

大きな講堂に業界の重鎮達が集まって百人を超えている。一段高い所に大蔵大臣の北村徳太郎と日銀総裁の一万田《いちまだ》がいた。北村が立ちあがり長い話をした。要は戦時国債の償還

が財政難で出来ないから、支払いをしないという。今流に言えばデフォルトにせざるをえないがどうだと切り出したのだった。

前列に座っていた大手銀行の社長や頭取達は事前に根回しされていたのか、難しそうな顔をしながら沈黙している。やがて「お話は分かりました。よく検討した上でご返事申し上げます」と言った。

（おいおい。ありえるかよ）。そう思った時には後ろの方から中《あたる》は立ち上がっていた。そういえば甲府にいた時も、日銀の営業局長に噛みついたことがあった。今度は大蔵省だ。中《あたる》は元々誰も恐れる者がなかったが、帝人事件の後、吹っ切れるようになって歯に衣を着せなくなった。

「私が聞いたのが間違いであれば、訂正してください。長いお話だったが、要するに我々が協力し、投資した戦時国債の元利金を払わないという事ですね」

「払いたいのは山々だが払えないのだ。そこをわかってほしい」

「わかりませんね」

北村はこれ位の反撃は来るだろうと予想していたのか、何も返しては来なかった。

「役所と違って民間で同じことをやると対処は二つしかない。一つは夜逃げをすることです。もう一つは首を吊るか、わずかな僥倖《ぎょうこう》を狙って土下座して詫びることです。貸した方の機嫌が良ければ許してくれるかもしれない。あなたがた役所は民間と違うのか、高い所から物を言って詫びようともしない」

北村はさすがに頭に来たのか何か言おうとしたが、止めてくれるはずの大手銀行も大手生保も何も言わなかった。もっとやれと思っている。

「考えてもご覧なさい。戦時国債を買ったのは我々日本人だから、債務不履行になっても騒ぐ外国人投資家はいないとあなた方は高を括《くく》っているのだろうが、日本政府が債務不履行になった歴史を作るのですよ。いずれ海外で資金を調達することも出て来るに違いないが、その時、過去踏み倒した歴史があれば、海外の投資家はどう言いますか。それでもアメリカ政府から金を借りる時、日本の金融機関に対しては踏み倒した過去があるが、あなた方にはちゃんと元利金を返しますとでも言うのですか」

正論だった。

「あなた方の名前は歴史に残りますね」

北村は不愉快そうに黙っていたが、「君。無礼ではないかね」と切り付けた。

「踏み倒そうとする者を非難すれば無礼と言うのですか。良いですか。こういうことをやるなら、今後我々は政府の発行する債券を一切引き受けないですが、それでよろしいですね」

「小林さんね。君が言いたい事を言うのは構わないが、今の芦田内閣は社会党との連立なんだ。社会党はもっと過激なことを言っている。それを押しとどめて、この案にしたんだ。それをわかってもらいたい」

「わかりませんね。内閣がつぶれようとそんなことは知ったことじゃない。大切なのは国の信用ですよ」

北村蔵相は苦り切って口を利かなくなった。中《あたる》は矛先を変え、「一万田総裁。あなたはどう思っているんです」

一万田は立って何か言ったが、言語不明瞭で何を言っているのかもわからない。

中《あたる》はとどめを刺した。

「株式市場も早晩復活すると聞きました。私の会社は、戦時国債を償還してくださるのなら、その金で従来よりにも増して株式を買いましょう。他の銀行や生保、信託、証券の方々もそうすると思いますよ」

償還実現のための大義名分を与えたのだ。議論はそれまでになって、結論を出さないまま散会した。役所に持って帰って議論するとまで蔵相が譲歩したので、それ以上は言う必要もなかったのだ。大蔵省は持論を撤回し、戦時国債は償還された。

インフレが驚くべき速さで起こっていたから、乗り切れると思ったのかもしれないし、国際感覚から言ってデフォルトは無理があると思ったのかもしれない。大蔵省は切れ者の集まりだから、事務局は中《あたる》の言うことは合理的と判断したのかもしれなかった。さらに面白い事に生保協会の集まりの中で「よく言ってくれた」と絶賛が相次いだことだ。大蔵省が又うるさいことや厄介なことを言って来た時に、小林を置いておけば、有効に抵抗して頑張るだろうと各社が思ったということだろう。

第五章 日本の道筋

昭和26年（1951年）、日本開発銀行初代総裁に就く

根津家の相続問題で池田勇人と出会う

この頃、アラビア石油社長・山下太郎の実の息子・水野惣平が中《あたる》の下についた。山下が水野を伴って来て、「息子を一人前にしてくれ」と言って頭を下げた。中《あたる》は水野を富国生命に入社させたが、根津がそうだったように自分のかばん持ちにした。身の回りに置いて目が届くようにすると同時に、水野がすべてを見渡せる位置に置いた。

水野は努力家で頭がよく繊細だった。前述した秋山は、二人の違いについて「水野さんは繊細、中《ちゅう》さんは繊細にして豪気」と言った。小林中《あたる》のことを親しい人は、「こばちゅうさん」とか、「ちゅうさん」とか言うのが通例だった。

少し時計の針を戻そう。昭和十五年（一九四〇年）に根津が亡くなった。問題は後に残された膨大な古美術である。遺族は相続税が払えないために売り払おうとすれば、せっかく集めた国宝級や重文級の古美術品が四散してしまう。二束三文で買い叩かれる事もある。宮島は中《あたる》と山本為三郎（アサヒビール社長）を呼んで、根津家を助けてやってくれと頼んだ。

山本為三郎は、宮島が名古屋のビール会社の味改善を請け負って以来の部下である。宮島を兄と慕い、根津亡き後は父と呼んでいた。山本と宮島の間で挿話がある。後年、宮島は日本工業倶楽部の理事長になった。冷房も暖房もないビルの中で宮島は平然としているが、理事たちはたまらない。山本を呼んで何とか話してくれということで、彼が宮島に鈴をつけに行く事になった。

「山本、お前、何か勘違いしとりゃせんか。この工業倶楽部の基礎は工場の職工、労働者達じゃないか。彼らは工場の中で汗みどろで働いているんだ。彼らに冷房があるのか。湯が出なければ手が洗えないとか、冷房がなければ暮らせないなどという老人は引き取ってもらえ」

さらに後年、山本は自分の経営するアサヒビールの監査役として宮島を迎えた。宮島は役員会にそろばん一つでやって来た。そろばんが自在なので、数字の監査は細部にわたる。役員会は三時間に及ぶこともあった。山本は宮島に報酬を取らせようとしたが、彼はどうあっても取らない。

「役員会の後に出るビスケットをお土産としてもらっておく」

そう言ってビスケットの袋を持って帰った。

そんな宮島から頼まれたのだから、山本も中《あたる》も頑張らないわけにはいかない。地元の税務署長の所へ行って交渉するが、税金は取ると言って例外を認めようとしない。財団を作って、そこが美術館を運営するのだから税はかからないはずだと主張しても、相手は首を縦に振らなかった。あぐねて、もっと上に行かなければだめだと二人で結論を出した。

そして行ったのが大蔵省主税局国税課長だった池田勇人の所である。池田は京大卒で大蔵省に入ったが、傍流で悲哀を味わっている所へ不治の病に侵され、大蔵省を退職した。奥さんの献身的な介護もあって奇跡的に完治したが、奥さんは看病疲れで亡くなってしまった。落ちると所まで落ちて希望が無くなり、人の情けが身に沁みる男になった。先輩の勧めもあって大蔵省に復職したが、同期に大きく引き離され、後輩にも追い抜かれた。池田は傍流の税務畑を歩いたが、一生懸命勉強して税務の玄人と呼ばれるようになった。この頃、同期との差を縮めている。

二人は熱意を込めて遺族の苦衷を語り、国宝級や重文級の古美術の四散を防ぐべきと訴えた。美術館を作り、そこに根津の収集した古美術を収めて市民が見られるようにしたいと言った。池田はじっと聞いていた。無論、二人がどういう経歴で、どういう人物かは知っていた。恩を売っておくのは悪いことではないと考えた。

「税務の現場はねえ。取ってなんぼだからね。取りはぐれると上は叩くしねえ」

叩いているのは自分だとは言わなかった。

「今聞いたやり方だと、どこの税務署も同じことを言うはずだ。首は縦に振らない。ところで根津さんは学校を持っていると仰ってましたね」

「はい。中高一貫の学園です。武蔵学園と言います」

「その武蔵学園に古美術をすべて寄贈しなさい。その後、美術館を作って学校から寄贈しなさい。それで税金はかからないはずだ」

あっという間に解決策を示されて、二人は驚いた。

「私からも現地の税務署長に話をしておきます。何も文句は出ないはずですよ」

中《あたる》は唸ってしまった。こいつは凄い人物だ。これは宮島に話さないわけにはいかない。

宮島は吉田茂と、俺お前の関係で吉田の参謀を自認していたし、吉田も経済界とのつながりが欲しいので、宮島に様々なことを相談している。外交に秀逸な冴えを見せる吉田だが、経済音痴で経済の幕僚が必要だ。池田が世に出る事になるかもしれないと密かに中《あたる》は思った。

それから、ことあるごとに用事を作って、池田の所へ行った。最後は同じ年の生まれだからと、「二黒会」という定例の会合を作って月に一度集まる事になった。水野成夫（大日本再生製紙、後に産経新聞社社長、フジテレビジョン社長)、堀田庄三(住友銀行、後に頭取)、東畑精一(東大経済学部教授)、小池厚之助(山一証券)といった顔ぶれで、池田は彼らに肩肘を張らせず張りもしなかった。俺、お前で呼び合い、腹が立つと怒鳴りあったりしたが、しばらく経つとけろりとしていた。中《あたる》は大変な男だと感服した。

池田は野村證券の新社長の奥村綱雄とも、京都大学の同窓ということで兄弟の契を結んでいた。それは池田にとっても、財界からの政治資金の道を開くメリットになったのだろうが、そういう思惑を超えて堂々としていた。

奥村にとって池田に株で儲けさせてやることはわけもないことだったろうし、新進の大蔵次官(当時)とツーカーになることは会社の利益にもなったのだろう。池田の付き合いは奥村ともそうだったし、中《あたる》ともそうだった。そして友情は日々深くなっていった。

吉田茂と宮島清次郎の国家観

宮島が戦争を止められなかった自責の念で生きていることは前述した。さらに「俺、お前」の仲である吉田茂が首相になった。吉田の国家観は宮島に似ている。軍備に傾注せず、商人として生きていくことである。それは国内だけに留まらず、国外でもそうである。宮島は傍に在って、吉田を助けたいと思った。吉田も経済通の宮島を頼りにしていた。

しかし、先立つものは金である。選挙は金を持っていなければ負けてしまうのは、宮島も選挙に出たので知っている。党の総裁、派閥の総帥になれば、本人が潔癖などとは言っていられなくなる。宮島は金を集めようとして自分の別荘を売ることを桜田に相談したりしたが、個人ではどうにもならない。

宮島は自分の息のかかった人間を呼んだ。桜田武（日清紡績社長）、山本為三郎（アサヒビール社長）、水野成夫、小林中《あたる》の四人である。この際だから、水野成夫の事にも触れておく。彼は宮島が国策パルプの社長をしていた時に関連会社の役員で雇われた。何せ国策のために作った企業だから、大会社である。俄《にわ》かに金まわりの良くなった水野は料亭でうまい飯を食い、最新のベンツを買って乗り回していた。

宮島の謹直な姿勢は知っていたのだろうが、関連会社で目が届きにくい上、うるさいおっさんくらいの意識だったのであろう。ある日、退社時になって、ベンツの方へ行くと運悪く宮島が歩いてきた。ベンツの側にはボロボロの車が置いてある。宮島のものだった。水野はこれはやばいと思ったが、今更逃げるわけにも行かずベンツの方へ歩いた。宮島も当然歩いてくる。

「水野。あれはお前の車か」

水野の脇の下から汗が噴き出した。さすがにこの状況は言い逃れが出来ないからだ。

「はっ」

「良い車じゃないか」

そう言ってボロボロの車を運転して去っていった。水野は最敬礼で見送った。宮島は厳然と自分は律するが、他人の生活までは干渉しない。それを知って、宮島に参ってしまった。

桜田が宮島の弟子と言うので。水野は宮島の家来と言い出した。相当出来の悪いという形容詞をつけて、である。

集まった四人は宮島の要請を受けたものの、戦後すぐの事で金は集まらない。自分たちの本業で手一杯だった。第三次吉田内閣くらいになって金が集まりだした。日経連（日本経営者団体連盟。旧経済団体連合会と統合し、現在は日本経済団体連合会）は桜田武が中心になって組織されたし、次第に存在感が増していくことになった。

第三次吉田内閣が船出する前、官邸の一室で宮島と吉田が話し合っていた。宮島は吉田以外に、戦後の新しい日本を率いる人間はいないと思っていたし、吉田の唱える商人国家論が、国家に繁栄と安寧《あんねい》をもたらすと信じていた。

「宮島、お前なあ。今度の組閣だが、蔵相をやってくれんか」

「俺は役人には向いてない。やめた方が良いよ」

にべもなかったので吉田はたじろいだ。

「じゃあ、日銀総裁の一万田《いちまだ》を持ってくるしかないか」

「あれはだめだ」

なお一層厳しく言うので吉田は黙った。実は吉田も一万田を嫌っていた。

「あんな事なかれの官僚を持ってきて、新味が出せるはずもないだろ」

「じゃあ、誰が良いんだ」

「池田だよ」

「池田？　広島から出てきた男か」

「そうだ。来日するジョゼフ・ドッジと渡り合えるのは彼しかいない」

「しかし、俺は池田を知らんぞ」

「お前さえよければ俺が話す」

「じゃあ頼む」となって、宮島は池田を呼んだ。池田とは根津の美術館建設で世話になった中《あたる》が激賞するので、何度か会っていた。お互いにその力量を認め合っていた。もちろん池田は宮島が吉田の参謀役であるのは知っている。

「池田君」

「はい」

「君なあ、大蔵大臣をやってくれんか」

「はあ？」

「これは吉田の意向だ。どうだ」

「それはありがたいことですが」

「そうか。それじゃあ俺から聞いたと言って吉田の所へ行け」

池田は大蔵大臣に就任すると異能を発揮し始める。税制改革のシャープと議論し、ドッジと渡り合えるのは池田しかいない。正直で思っている所を隠せないため、時々要らざることを発言して物議をかもす。新聞紙上を賑わすが、池田付の記者は真意が違うものだとわかっていた。彼らも何か書かねばならないからだ。中《あたる》は池田の近くにいて言いたい事を言っていたが、池田は中《あたる》の意見が傾聴に値すると思えば素直に聞いた。

「バカヤロー解散」後の選挙資金確保に奔走

「バカヤロー解散」が突然起こった。昭和二十八年（一九五三年）、歴史的な視点で見れば、吉田は講和条約を成し遂げ、日本の悲願を達成していた。さらに内閣も四次を経過し、自信満々の頃である。国会で野党の質問にバカヤローと言ったセリフがマイクに乗って、揚げ足を取られる形で解散した。誰も準備をしていない。金の用意もなかった。中《あたる》は突然吉田に呼ばれた。行くと吉田がイライラした調子で言った。

「小林君。経緯は聞いているな」

「はい」

「選挙になる。金がいる」

「はい」

「代議士は皆地元へ帰るから、帰る前に金を渡さなければならん。君なあ、明日の午前中までに五千万円用意してくれ」

今の五千万円ではない。当時の五千万円である。吉田は自分の言っていることが無茶だとわかっているので、命令口調になっていた。宮島は金集めのような泥臭い仕事はできないが、中《あたる》なら出来ると付き合いからわかっていた。

「わかりました。用意します」

中《あたる》は何事もないように応えた。そして池田と佐藤栄作の所へ行った。二人は連れ立って聞いている。池田は舌禍《ぜっか》で大蔵大臣を外されたが、今は復活して通産大臣の要職についていた。佐藤栄作も建設大臣におさまっていて二人は吉田の後継で争っている。

中《あたる》は二人を見回して「今、総理から明日の午前中までに五千万円用意しろと言われた」

二人はあまりのことに驚いている。

「俺が二千五百万集めて来る。君らは残りの二千五百万の半分ずつ集めてくれ」

二人は何か言いたそうだったが、それ以上の反応はなかった。

「それじゃあ、俺は急いで動くから」

そう言って官邸を出た。中《あたる》は誰が出せそうかを考える。明日の午前中までに二千五百万用意できて、決断が早くぐじゃぐじゃと言わない人間。そうした人間は自然と絞られてきた。中《あたる》は車を兜町に走らせた。そして日興証券の遠山の所へ来た。運よく遠山は会社にいた。

「何だ。突然。何か起こったのか」

「明日の午前中までに二千五百万円金が要る。用意できるか」

選挙用の金だなと遠山は思った。切迫した調子から総理からの要請だろうと踏んだ。

「用意できない事もないが、貸せと言うのだな」

「そうだ」

「貸し先はお前か、それともお前の向こうにいる男か」

「俺だ」

「借り先の名前もお前だな」

「そうだ」

全部自分の責任として飲み込むと言っているのだな、と遠山は理解した。

「わかった。明日の朝一番で来てくれ。金は用意しておく」

「感謝する」

後は雑談になった。

翌日、朝一番で行くと金が用意出来ていた。

「二千五百万円というのは端数だ。三千万用意したからこれで持って行け」

中《あたる》は感謝の意を示して、その金の入ったバックを持って吉田の私邸に入って行った。選挙資金の調達は、これしか物の本に書かれていないが、これ一回のはずがなく何度か吉田を助けたのだろう。

そういう裏技も使える男は中《あたる》しかいなかったはずだ。バカヤロー解散の後の選挙は、大勝とは行かず、吉田は苦境に追い込まれた。しかし独特の粘りで、何とか首相の座を維持した。


選挙より少し前になるが、中《あたる》は日本開発銀行（現在の日本政策投資銀行）の初代総裁に選ばれた。吉田に呼ばれたので、官邸に行くと開口一番。

「君なあ、日本開発銀行の初代総裁をやってくれ」と言われた。マスコミの間で開発銀行の総裁は誰になるかと噂になっていたが、自分に来るとは思わなかった。

「どうだ」

「受けさせていただきます。ただし一つだけ条件があります」

「聞こう」

「復興金融金庫の例に見られるように、開発銀行が始まれば、政治家が群がってきます。大臣が来ようが政治家、官僚が来ようがすべて断りますが、よろしいですか。たとえ総理が来られても言うことは聞きませんが。それでよろしければ受けさせてもらいます」

「それこそ開発銀行のあるべき姿だ。もしそれでも四の五の言う奴がいるなら、僕の所へまわせ。そんな奴にはガツンと食らわせてやるから」

「それは私がやりますから、ご安心を」

吉田の所を出て池田の所へ行った。池田は抱きかかえるようにして、中《あたる》を部屋に入れた。

「総理の所へ行ったか」

「ああ」

「おめでとう」

「ありがとう。お前が推薦してくれたんだな」

「本当はそうでは無い。総理からお前でどうだとは言われた。そこで私は言ってやったよ。『小林と自分は親しすぎるから推薦するとおかしな事になります。ですから総理自身でご判断ください』とね。ただし、『小林は私より数字に詳しく、それは凄まじいほどです』とは言った。総理は目を丸くして、『お前より数字に詳しい奴がいるのか』と。これ位かな、援護射撃は」

池田の数字の強さは政界でも有名で、ドッジやシャープとやり合っても全く引けを取らなかった。秘書の用意するメモを全く見ないで数字を諳んずることが出来たという。

「とにかく感謝する。お前に任命されたと思って仕事をするよ」

そう言って就任し、日本開発銀行に行った。

日本開発銀行総裁就任、重厚長大産業を育成

噂は日本開発銀行の行内を駆け巡った。「どういう男だ」から始まって吉田茂の参謀で、それで論功行賞で総裁になったと言うものまで。一致しているのは生保の社長だったから、産業金融はわからないということだった。

興銀から派遣されて理事になっていた中山素平（後の日本興業銀行頭取）は、素人を総裁に抱いて、これからどうなるだろうと不安だった。利権の巣窟になって復金の二の舞になるか、それともわけの分からない命令が出て混乱するか、どちらにしても大変なことになると思

った。

中《あたる》は相変わらず朝遅く出社する。ほとんど何も言わない。役員会議でもはかばかしい命令や訓話をするわけでもなかった。何せ自分の仕事は外からの干渉を排除することと後に言っているぐらいだから、事務局の案件は通すつもりだった。派遣されている役員やプロパーの行員たちはすこぶる優秀で、要らざる事を言わなくとも、粛々と進んで行くと思っている。

中《あたる》は事前に、すべての職員の履歴から評価まで諳んじていた。さすがに政府系の銀行だけあって、一流が揃っていた。中山は役員会議に出て中《あたる》の振る舞いを注意深く見ている。ほとんど黙っているが、時に質問をする。中山はおやっと思った。案件の細部まで読んでいなければ、出来ない質問だったからだ。しかも鋭い。中山は会議の終わった後、事務方を呼んだ。

「君達は今度の案件を、総裁に事前に説明しているのか」

「いいえ。説明しようとしましたが、自分で読むと仰って。役員に何度も説明する必要はない。そういうのを根回しと言って時間の無駄になる。役員会は真剣勝負だ。資料だけ置いていけと」

中山は役員会の中《あたる》の質問はスタンドプレーではないとわかった。時に鋭い質問や、考え方への確認が中《あたる》から飛んで来るが、議事進行の妨げにはならなかった。中山は次第に中《あたる》に魅了され始めた。さらに驚いたことに、政府銀行特有の政治家の介入が見られないことだった。

フィクサーのような人間も来なければ、政治家も顔を見せなかった。裏で中《あたる》が潰しているのか来ないようにしているのかはわからなかったが、理事も職員もそういうことで悩まされることが一度もなかった。半年も経たないうちに、行風が出来上がっていった。

さらに中山が驚いたのは、中《あたる》の見識だった。世界情勢に驚くほど詳しく、石油の先行きも独自の筋読みをして、それがズバリと当たっていく。水野惣平が手品の種なのかもしれないが、中山にはその機微はわからない。

（これは大変な人が来た）

中山は心服して、積極的に中《あたる》を助けようと思った。

中《あたる》は個別の案件に口を挟むことは無かったが、戦争で焼け野原になった今、かつての軽工業中心の経済ではなく、重厚長大（資本財、生産財産業）を中心とする重工業への転換を促進加速することが、開発銀行の任務であると考えていた。だから理事の集まりではそのことを何度も強調した。単に金を貸すだけなら、政府系の意味はないからだ。

さらにもう一つ。この頃からそうだったが、外資導入について、中《あたる》は最初から違和感を持っていなかった。日本は経常収支が赤字で外貨準備高は少なく、国内の資本も充実していない。本来なら産業構造転換の担い手だから、資本金も三千億円ほどは必要なのに反対が多かったため、開発銀行は百億円でスタートしている。

さらにややこしいことに、ジョゼフ・ドッジに至っては民間銀行の補完をやれと言い出す始末で、中《あたる》は頑として言うことを聞かなかった。三度やり合って大声を出したと物の本に書いてある。アメリカ人は論争をしない人間を憎み、激しく突っかかってくる方を好む。今でもこれは変わらない。ついに中《あたる》が『それほど言うなら俺を首にしろ』と怒鳴ると、折れて来て親しくなった。

中《あたる》は外資導入をして、重厚長大産業へ資本を大量に流し込むという考え方を開発銀行で実現しようとした。池田もこの考え方を支持した。そして世界銀行―開発銀行―電力会社という案件を実現させた。中はこのためにワシントンまで出張し、現地で交渉した。

この方式はすぐに応用され、鉄鋼や機械産業に適用された。

中《あたる》は説教がましいことを言わない男だが、外資の導入についてはことあるごとに強調した。大きな枠組みは総裁が作り、外からは邪魔させない。一方、個別の案件については職員が働きやすい環境を作る。それでも重要な案件は三回審議する仕組みも作った。そして捌けない時だけ中《あたる》が捌いた。半年も経たないうちに、組織が生き生きと活性化し始めた。

はるか後年のことだが、前述の秋山は富国生命の社長となった後、案件があって開発銀行を訪問した。役員食堂に案内されて、そこで開発銀行の人と昼食を一緒にした。

ふと食堂の壁を見ると、小林中《あたる》の写真が小さく掛けられている。秋山は怪訝《けげん》に思った。開発銀行の総裁は、初代こそ小林中《あたる》だがそれから何人もいる。なぜ中《あたる》の写真だけなのだろうと。そう思ったので聞いてみると、その役員が言った。

「確かに、何人もの総裁が出たのは秋山さんのおっしゃる通りです。でも当行で総裁というのは小林中《あたる》さんだけなのです。この人のおかげで当行の今があるのです」

秋山は自分の事のように晴れがましかった。

「お前に辞表を出したい」、池田勇人との絆

中《あたる》は時々、宮島の所へ行った。宮島は中《あたる》の指針であり、自ら省みる際の秤《はかり》であった。自分が傲慢になっていないか、考え方が間違っていないかを彼によって戒めようとした。宮島は日本工業倶楽部の理事長室でどっしりと構えていた。工業倶楽部は冷房も暖房も効いていない。扇風機すら回っていなかった。宮島はこの時七十六歳。五十代半ばの働き盛りの中《あたる》とは違っている。

宮島は白いタオルで汗を拭きながら出迎えた。

「ここは一層暑いですね。冷房はともかく扇風機くらい入れたらどうです」

「ふん。お前までが馬鹿なことを言うのか」

宮島は矍鑠《かくしゃく》としている。出てきた時に足取りが覚束《おぼつか》なかったので、中《あたる》は心配したが、頭はしっかりしているようだ。

「時に何年になった」

「もうじき四年になります」

「開発銀行総裁の任期は四年だったな」

「はい」

「吉田の下ならともかく鳩山ではなあ。あんな阿呆の下ではやりにくかろうに」

「業務に関しては口出しさせない体制を作ってありますから、何ほどのこともありませんが、鳩山（一郎・総理）――一万田（蔵相）の下にいるだけで気分が良い物ではありません」

「そうだろうな。鳩山も日ソ平和条約などと阿呆な事を言いよって。あいつは吉田の反対の事をやりたいだけのええかっこしいだから」

「この前、一万田に呼ばれましてね」

「ほう」

「一万田が出て来て言うには、『小林さんの任期も一年を切ったから、この後どうするつもりか聞いておこうと思って』とこうです。だから言ってやりましたよ。『政府機関の長の首をすげかえるのに、本人の意向も何もないだろう。必要ないと思えば途中でも切ればいい。十分だと思えば、任期切れの時にご苦労さんと言って肩を叩けばいい。何を本人に聞くのだね』と。一万田は『まあまあ、君なあ、一度鳩山さんの所へ行って話をしてみてくれよ』とまあこんな調子で」

「相変わらず立場を明確にせずに、何を言っているのかわからない男だなあ。一万田と言えば第一次吉田政権で、蔵相だか何だかをやってくれんかと言われた時、マッカーサーと相談してからご返事しますと応えて、吉田が激怒した。直接、吉田から聞いたのだから間違いない。今度もお前と面と向かって喧嘩するのは不利だから、鳩山に切らそうとしたのだな」

「まあ、そんな所でしょう」

「それでどうした。鳩山の所へ行ったのか」

「行きましたよ。行ったら開口一番、『開発銀行総裁の任期が切れるけど、どうしますか』ところです。同じことを言いやがると腹が立ったから『政府機関の総裁の首は総理が切れる事になっています。私の仕事ぶりが気に入らなければ切れば良いし、気に入れば残留させればよい。そうではありませんか』と言ったらそれで話はおしまいになりました」

「ははは。お前の血相に怖くなったのだな。ええかっこしいだから、人と喧嘩するほどの度胸もない。お前とその後ろの人脈と喧嘩するのはまずいと政治感覚だけは働く。そこが吉田とは大違いだ」

結局、鳩山は大嫌いな吉田派の中《あたる》を切らず、再任した。くすぶっていた財界は日ソ交渉の危険さを思い、反鳩山の動きを鮮明にした。吉田茂が描いた商人国家は米国との協調、アジア諸国との戦後処理等の達成によってなされるべきで、米国の神経を逆なでする日ソ平和条約によってはなされない。

財界は結束して行動し、鳩山引退を政府首脳に申し入れた。日ソ平和条約は頓挫し、鳩山は退陣した。紆余屈折があって岸信介が新しい総理になり、池田が蔵相に返り咲いた。中《あたる》は池田に祝福に行った。二黒会はその時も続いていて、月に一回談論風発しているが、大蔵大臣と開発銀行総裁という立場で会うのは久しぶりだ。

「鳩山に啖呵《たんか》を切ったそうじゃないか。切れるものなら切ってみろよと」

「大げさに伝わっているだけだよ」

そしてそれから半年余りして、中《あたる》が池田を訪れた。唐突な訪問だったので池田は驚いた。

「どうした。二黒会はもうすぐじゃないか」

「いや。今日は仕事の話なんだ」

「うん？」

「開発銀行も組織が出来て来た。もう外からおかしな者が入り込む余地もない。そろそろ潮時かと思うんだ」

「任期は二年ほど残っているだろう」

「お前は今度の改造で今の地位にはとどまれないだろう」

石橋湛山の健康問題から後を継いだ岸信介は、訪米後初めて自前の閣僚人事をやることになったが、焦点は池田の処遇だった。岸は池田を蔵相で留任させる気は無かった。

「おそらくな」

「俺はお前に任命されて、この職に就いたと思っている。だから辞める時はお前に辞表を渡して辞めたい」

池田は理知的で数字にも強いが、本質的には浪花節である。中《あたる》の言葉に素直に反応した。

「そうか。そう言ってくれるか」

わずかに目頭を押さえていた。それから照れくさくなったのか、「これからどうするんだ」と聞いた。

「天下の浪人だよ」

「天下の浪人」として国の道筋を描く

中《あたる》は浪人となり、富国生命ビルの一画に小林事務所を作ってそこに移った。水野惣平は開発銀行でも秘書として仕えていたから、その事務所に移ってきた。手が足りないということで富国生命から派遣されたのが前述の秋山である。

秋山は入社から二年と少し経っていた。本社にいたのだが、ある日、当時の森武臣社長に呼ばれて「小林事務所に行け」と言われた。前任の人間が辞めたからその代わりだという。秋山は小林中《あたる》とかいう人が、伝説の人とは知らない。何で自分だと思い、父親に相談すると行けと言う。

秋山は何でも経験かと思って、その小さな事務所に行って、水野惣平の下、秘書の一番下になった。何せ三人しかいないのだ。それから三年して、水野惣平が富士石油の役員で出たから、中《あたる》と二人だけになった。

ある時、地下の駐車場まで中《あたる》が歩いていた。秋山は秘書だったから、その後ろを歩く。

「秋山」

「はい」

「水野が転出する話は聞いているな」

「聞いています」

「その後任を選ぶ必要があるが、その人はお前の上が良いか、それとも下が良いか」

「下でお願いします」

中《あたる》は振り返り莞爾《かんじ》として笑って言った。

「そうだ。その答えで良い」

この人は、人を動かすのが本当に上手い人だと秋山は思った。

天下の浪人を政府はそのままにしておかない。中《あたる》はアジア巡回大使になったり、インドネシアの戦後処理交渉に出たりした。民間もあらゆる相談を持ち込んでくる。監査役、社外取締役、相談役の就任要請が溢れてきた。いきさつがあった東急電鉄からも、五島慶太の息子の五島昇が辞を低くして頼んできたから相談役についた。よほどの事がなければ、時間の許す限り要請に応じた。

昭和四十年(一九六五年)、六十六歳の時、政府から指名があって、財政制度審議会の会長に選ばれた。この時の首相は佐藤栄作。親友であった池田勇人は既に前年に死去していて、中《あたる》は後継には河野一郎ではなく、佐藤栄作しかいないと池田に強く迫っていたから、佐藤もそれを覚えていた。佐藤は官僚上がりだから、池田のような付き合いは出来ないが、それでも佐藤を助けて進路を誤らせないようにとは思っていた。もっとも、この人事が佐藤主導であったかどうかまではわからない。

一般的に言って、こういう審議会は政府の行くべき方向に意見を合わせてくれる識者を選ぶものだったし、政治家、官僚、財界に強い人間を選んでいれば、どこからか横やりが入っても跳ね飛ばしてくれる。しかし、そういう人間が官僚の言いなりになるかはわからない。中《あたる》はこわもての一人である。中《あたる》は指名されて大蔵省の責任者を呼んだ。

「財政制度審議会とは政府の財政について建設的な提言をするべきと思っているが、それで良いか」

「それで結構です」

「戦後のすぐのころは当然だったが、二十年経った今でも資本の不足は甚だしい。違うかね」

「はい。その通りです」

「君たちはどう思っているか知らないが、私に審議会を任せてくれるなら赤字国債の発行を提言するつもりだが、それで良いか。良くないなら今の内に言っておいてくれ。就任しないから」

既に発表している物を取り消せないとわかっていて、かましたのだ。飛んで帰った責任者は、会の答申を尊重するという返事を持って帰って来た。委員会の中には大蔵省の息のかかった人間もそれなりにいる。少しは中和できると思ったかどうか。

答申は歴史上初めて、赤字国債の必要性まで切り込んで提言を終えた。

昭和四十二年（一九六七年）、今度は外資審議会会長（当初は会長代理、途中から会長）に指名された。この時も首相は佐藤栄作である。日本経済の大きな分岐点で、資本自由化の道筋を作ると言う大切な作業である。

赤字国債へ道を切り開いたとはいえ、この答申の翌年、大蔵省が財政の健全化—赤字国債の反対を言い出していたから、省益を守ろうとしている組織は根強い。ましてや資本の自由化は、受けて立つ日本側企業に恐怖感があった。

通産省としては大蔵省以上の恐怖感と日本企業保護の思いがあったはずだ。総論賛成、各論反対という根強い抵抗である。

中《あたる》は選ばれた時に通産省の幹部を呼んだ。そして『資本の自由化は日本経済の発展のために必須のことだが、根強い抵抗があるだろう、自分は財界を説き政治家を説得するつもりだが、肝心の通産省が総論賛成、各論反対ではどうにもならない。通産省の意見は私の意見で良いか、省の意見をまとめてくれ』と言った。

まとまらないと言えば辞めると言うつもりだった。もっとも、発表したものは辞められないから、通産省にそう言って覚悟を促したのだった。

筆者が学生の頃、まことしやかにトヨタ自動車以下、日本の自動車産業は軒並みつぶれると言う人が多かったから、この時代に外資の自由化を先頭切って提言するのは、よほど先が見える人でなければ出来ないことだった。中《あたる》は資本を自由化した方が、日本にとってビジネス機会が増えると思っていた。さらに言えば、競争を激しくする方が廻りまわって当該企業のためになると思っていた。

黒船が来た時、日本人は集団発狂し、尊王攘夷に走って外人を切り殺したりしたが、収まってみれば、日本は一大強国に変貌していた。きっと今度もそうなるという確信が中《あたる》にはあった。中《あたる》は財界を説き、政界を説得して、第一次、第二次、第三次自由化の道筋を決めて行った。

「財界四天王」、「影の総理」と呼ばれて

その同じ年、アラビア石油の山下太郎が亡くなった。山下太郎の実の息子は水野惣平で、

彼は長い間、中《あたる》の秘書をしていた。当時は富士石油の役員である。石油関係の詳細な情報は山下太郎か水野惣平から得ていたが、山下が亡くなったことで後継者をどうするかという話になった。中《あたる》は昭和三十三年（一九五八年）からアラビア石油の取締役に入っている。

戦争に負けた理由は多くあるが、そもそも石油の大半の輸入をアメリカに頼っていたからである。石油の輸入先の多角化は、国家戦略であるべきで、山下太郎は、その国家戦略の一端を担って会社を興した。財界人から「あれは詐欺師だ」と揶揄《やゆ》されていたが、中《あたる》は凄いことを切り拓いたと思っている。山下が開いた国家戦略を、誰かが維持し続けなければと思っていたから、社長の椅子が廻ってきた時に辞退しなかった。既に六十九歳になってはいたが、水野惣平のためにも道筋を残してやろうと思っていた。

話は前後するが、昭和三十八年（一九六三年）、宮島が亡くなった。老衰で八十四歳だった。知らせは走って、記者が中《あたる》の所へ来て感想を聞いた。

中《あたる》は当たり障りのない感想を言うつもりで口を開いた。記者に本気で言っても仕方がない。しかし言葉が出て来なかった。言葉を探す内に、いつのまにか涙腺が緩んで涙があふれてきた。そして何も言えず、滂沱《ぼうだ》として涙を流し続けた。記者は驚いた。感情をこれほど露わにする〝こばちゅう〟を見たことがなかったからだ。

中《あたる》は、それからも働き続け、忙しく立ちまわり、「財界四天王」（小林中、水野成夫、永野重雄、桜田武）とも言われた。

宮島の死去以来、退場の時が近づいているのを理解していた。庭の植木をじっと見る機会が増えていった。

晩年、中《あたる》は耳が悪くなった。補聴器をつけるように言われたが、一切聞かなかった。誇り高い中《あたる》は、そういう老醜をさらすのを好まない。外へ出なくなり、消息が聞こえなくなった。昭和五十六年（一九八一年）に亡くなった。八十二歳だった。

宮島と同じ様ではなかったが、中《あたる》は意識して事績を語らず、むしろ消そうとして動いていた節がある。財界の『影の総理』と言われたが、その呼び方よりも、甲州財閥の最後の体現者と呼ぶ方がふさわしいと思える。若尾逸平、根津嘉一郎、小林中《あたる》と続いた甲州財閥の系譜は、小林中《あたる》の死をもって終焉《しゅうえん》を迎えたのである。

小林中の評価

文中で何度か触れたが、小林中《あたる》が戦後経済で果たしてきた役割について、もう一度書いてみたい。

戦争で壊滅的な打撃を受けた日本は、経済を復興拡大するための十分な民間資本がなかった。政府はその目的を達成するために、政府主導で資本を注入しようとして日本開発銀行を設立させた。しかしこれとて十分な資本がなく、初代総裁の小林中《あたる》は外資（世界銀行）を使って、民間へ資金を流し込む仕組みを考え実行した。グローバルに資金を取り込んで民間に流す、そのことに小林中は忌避感を持たなかった。それが彼の経営手腕とあいまって、開発銀行成功の大きな要因となった。産業構造の変革に開発銀行は大きく寄与したのである。

さらに小林中《あたる》は、外資審議会の会長に選ばれた。日本開発銀行に外資を導入したように、日本経済を外資に対して門戸開放をしようというのである。資本自由化と言われた、この国家戦略は「第二の開国」とも言われ恐怖を持って語られたが、小林中《あたる》はこの難局に動じなかった。開国した方が日本経済をさらなる高みに導くという信念があったからだ。

しかし、方法を間違えると混乱の極みになることも考えられた。財界の『影の総理』と言われ、財界に隠然たる影響力を持ち、政治家―特に総理や総理経験者に強い人脈を持つ小林中《あたる》が適任であったことは、歴史が証明した。

これと前後して、財政制度審議会の会長にも就任した。財政の安定は今でも言われ、赤字国債は『まかりならない』のが役所の常識だったが、小林中《あたる》はそうは思っていなかった。経済を活性化し拡大させるためには、財政政策を柔軟にすべきだと信じていたからだ。この時期に増税ではなく、赤字国債の発行にまで切り込んだ答申は珍しい。これが後の革新的な処方箋の走りになったのは間違いない。

最後にエネルギーの国家戦略である。それはアラビア石油に象徴された。国家戦略としてエネルギーをどう多角化して輸入するか、開発するかということだが、この当時は決め手がなく、その希望の象徴がアラビア石油だった。

創業者の山下太郎が死んだ時、小林中《あたる》は躊躇《ためら》う財界人の多い中、社長に就任した。この時六十九歳。アラビア石油を見事に経営することが、国家戦略の一翼を担うものだという自覚があったからだ。

どのような人も、時代と共に生きている。その時代の常識や慣習に囚われているのは仕方がないことだが、小林中《あたる》は事績で見る限り、何十年か先を見据えていたということだろう。忌憚なく言えば、戦後の日本経済の発展は彼に負う所が大きい。事績を消して歩くような癖がもう少し少なければ、もっと大きな評価を得られたはずだと思わずにはいられない。

根津美術館理事長兼館長・武蔵学園理事長
根津公一氏に聞く

ねづ・こういち
1950年5月東京都生まれ。73年慶應義塾大学商学部卒業後、東武鉄道入社。77年東武百貨店に出向し、その後転籍。82年取締役、87年常務、90年専務、92年副社長、99年社長、2013年会長。現在は東武百貨店名誉会長、根津美術館理事長兼館長、根津育英会武蔵学園理事長などを務める。

私が生まれたのは昭和二十五年（一九五〇年）で、祖父が亡くなったのが昭和十五年（一九四〇年）ですから私は初代根津嘉一郎に会った事がありません。母は安田善次郎の三男坊の、その三番目の娘でした。父は初代嘉一郎とは大違いでおとなしく、学究肌で私は遊んでもらった事がありません。父は歴史学者になりたかったそうです。母が言うには本当に面白くない人だったと（笑）。逆に祖父は周りが震えあがるほど恐ろしい人で、家族にも怖がられていました。

ただし、祖母が言うには祖父はあけっぴろげな人で何でもしゃべる。新橋に通っていることも隠しはしないので、最初はともかく、恨む気持ちも無かったそうです。祖母は、祖父が死んでから長生きをして、九十六歳まで生きました。

一九五三年（昭和二十八年）に堤康次郎さん（今日の西武グループの創始者）が祖母を訪ねて来て、祖父についてインタビューをした時に、初代根津嘉一郎の奥様で、そこに座っているのがお孫さんですか、やはり利口そうな顔をしていますなと言った記録が残っています。私は利口そうだったそうです（笑）。

余談ながら甲州に大商人が多く出たのは天領だったからですよ。仕官の道が閉ざされていたからです。

祖父は古美術の世界では名を知られた人でしたが、自分の感性を頼りに買う人でした。後に国宝や重要文化財も買った物の中から多く出ましたが、偽物を掴まされることもありました。そういうことがあっても、彼は全く気にしていなくて学者を入れたり鑑定人を入れたりはしませんでした。

逆に小林中《あたる》さんは購入する前に、必ず学者の鑑定を入れてから買うので偽物は掴んだ事はありません。小林中《あたる》さんは金がないのではって?とんでもないです。小林中《あたる》さんはお金持ちですよ。青葉台に素晴らしいお屋敷をお持ちでした。現に小林中《あたる》さんが当美術館に寄贈してくれた美術品は百五十点ほどありますから、お金がなかったとは思いませんねぇ。

祖父は明治四十二年(一九〇九年)、アメリカに渡ってカーネギーやロックフェラー一世に会いました。そして、いかにして社会に富を還元するかを教えられ、感銘を受けて大正十一年(一九二二年)に武蔵学園を作りました。第一次大戦の勝利国になって五大大国になったのに、その実情はお寒い限りで当時、衆議院議員だった祖父はそのことを憂いていました。

山川健次郎教授(東京帝国大学第六代総長)もその一人でしたが、彼が言うにはベルサイユ会議で六十四の分科会があるのに、日本側でその会議に出られる人、つまり英語が堪能できちっとした議論が出来る人が十人か二十人しかいないと。そうすると分科会の大半は欠席せざるを得なくなるわけですよ。人材の払底とはこの事です。英語で戦える教養も学識もある人材がいないから、祖父は学校を作ろうと思い立ったのです。

そこで諮問委員会を作って、山川先生達ブレーンにインターナショナルに通用する人材を育ててもらい自分は金を出すと言って学園創設に動いたんです。

山川さんたちは実際にベルサイユ会議を知っていますからね。一流の教師陣を集めた。当然、給料も高くなり費用も相当掛かる。先生も、英語を始めネイティブの人を持ってくる。大赤字になるわけです。祖父はこれを全部私財で埋めたんです。亡くなるまで約二十年埋めていました。

最初三千人の応募があって入学したのが八十四人、卒業できたのが三十四人でした。難しくて落第等で減っていったわけです。祖父が亡くなって、小林中《あたる》さんとか私の父とかが理事長になって、学園の経営を続けていった。武蔵大学を作ったあたりから大学の黒字で、高校の赤字を補うということになりましたが、武蔵高校は受験校になってしまいました。令和四年(二〇二二年)に百周年を迎えましたが、これを元の姿にいかに戻すかが私の課題です。

話は飛びますが、成功した人には三段階があると後藤新平が言ったそうです。

一番下はお金を残す。真ん中は事業を残す。そして最上級は人を残すと。人を残すというのは難しいですが、世の中の人のためになるということです。私は立場上、いろんな人に会いますが、役所と交渉したり企業の偉い人と会ったり、その時、根津という名前で相手が気づいて「私も武蔵の卒業生です」と言われると、一気に話が進みます。何期生とか言われると私との関係がわかりますからね。後輩だとか先輩だとか。武蔵学園の卒業生には色々な場面で助けてもらっています。

祖父は子孫のために美田を買わずと公言していましたから、父は自分が後継者とかそういうことには興味もなかったのではないかと思います。東武鉄道にしても、祖父の没後は二人の方が社長をなさった後、継ぎました。父が引き継いだのは二十八歳の時だったと思います。

祖父はよく方針として美術報国、育英報国と言っていました。この美術館と学校を仕上げて、子弟の育英をやり日本を文明国にしていく。日本の美術を世界に発信していく、そういうことが私の仕事です。

祖父はよく揮毫《きごう》を頼まれて筆を取りましたが、最も好きな言葉が「信為万事本（信を万事の本と為す）」でありました。この前、私が日清製粉の正田修さん（現在、日清製粉グループ本社名誉会長相談役）と話していたら、日清製粉の社訓の中に同じ言葉が出て来るそうです。創業者の正田貞一郎さんと祖父は親しくさせて頂いていましたから、その言葉を使ったのかもしれないと思いました。

昔の人はスケールが大きかったですね。祖父は国のために学校を作りましたが、自分の中学、高校の生徒達を、時々食事に呼びました。そして君達は将来何になりたいかと尋ねました。生徒たちがいろいろ言うのをにこにこ笑って聞きながら、最後にこう言ったそうです。

学歴などは評価しない。人徳も評価しない。私が一番評価するのは奮闘努力の人であると。

おわりに

書き残したことがある。アラビア石油のことである。アラビア太郎こと、山下太郎が子息の水野惣平を連れてきて、面倒を見てやってくれと頼んだこともあって、小林中《あたる》は水野惣平を富国生命に入社させた。その後水野惣平を秘書として使った。傍に置いてすべての教育をしたのである。

山下太郎がサウジアラビアの油田の権利を持って来た時に、小林中《あたる》も当時の財界の首脳の人達─石坂泰三（経団連会長）、桜田武（日経連会長）、弘世現（日本生命保険社長）も違った反応を見せた。この採掘権及び将来の試掘も、山師の仕事として見るのではなく国家のプロジェクトなら参加しようとしたのである。そう言っただけでなく今の経産省にあたる組織が政治決定をした。内閣の閣議決定まで持って行って、記録に残したのである。当時の財界首脳の斬新さがわかろうという物だ。

山下太郎が死んだ後、小林中《あたる》がアラビア石油社長を引き継いだが、しばらく社長を務めた後、当時富士石油に転出していた水野惣平を呼んで、社長を譲り本人は会長になった。

この時、既に七十歳を超えていた。アラビア石油を一石油会社として見ないで、国家のエネルギー戦略として見たから続けていたのである。やがて石油ショックにあって、社長になった水野は東奔西走することになるのだが、そのことについても書きたかった。資料不足、生き証人の不足―というのは、アラビア石油が採掘権を持っていた時の歴史を知っている人がほとんどいないから―で書けなかった。本稿の紙数も予定を遥かに超えてしまうから書けないという事情もあった。

最近聞いたのだが、小林中《あたる》が死んで一年経とうとして一周忌の話が出ていた頃。弟子であり、部下でもあった水野惣平は、この葬儀だけは自分で仕切るつもりだったが、本人もすい臓がんに侵され余命わずかと医師に宣告されていた。水野は現役を止めず、小林中《あたる》の一周忌まで生き延びて葬儀を仕切り、その後亡くなったという。

物書きは、将来の自分の作品の番宣をよくやるものだが、私は小林中《あたる》の七十歳以降の戦いを書くつもりである。アラビア石油の成立から石油ショック辺りまで、小林中《あたる》と水野惣平の奮闘記でもあり、国家のエネルギー戦略の顛末でもある。そのために私も奮闘しなければならない。

参考文献

阪口昭『寡黙の巨星』
河合良成『帝人事件 三十年目の証言』
宮島清次郎翁伝刊行会『宮島清次郎翁伝』
内藤文治良『若尾逸平伝』
根津翁伝記編纂会編『根津翁伝』
竹内蠖亭編『明治百商伝』
岩崎錦城『明治豪商立志百話』
雨宮敬次郎『過去六十年事績』
小林中追悼録編集委員会『追悼小林中』
「追悼水野惣平」編集委員会『追悼水野惣平』
宇野木忠『根津嘉一郎』
新経済『小林中論』

福井保明

1952年兵庫県生まれ。1976年京都大学経済学部卒業後、野村證券入社。ニューヨーク勤務、営業企画部長、野村證券取締役などを経て、野村不動産投資顧問社長を最後に定年退職。2018年5月、幕末に材を取った歴史小説『小栗又一』『蝦夷共和国』を出版。2019年11月、『事を成すには狂であれ——野村證券創業者　野村徳七その生涯』（プレジデント社）を刊行。剣道と少林寺拳法の有段者。東京都在住。

戦後日本の「礎」を築いた経済人
不屈のリーダー・小林中の一生

2023年6月1日　初版第1刷発行

著者　福井保明
発行者　村田博文
発行所　株式会社財界研究所
［住所］〒107-0052 東京都港区赤坂3-2-12赤坂ノアビル7階
［電話］03-5561-6616
［ファックス］03-5561-6619
［URL］https://www.zaikai.jp/
印刷・製本　日経印刷株式会社
装幀　相馬敬徳（Rafters）

ISBN978-4-87932-155-8
定価はカバーに印刷してあります。